T&P BOOKS

CHECO
VOCABULÁRIO

PORTUGUÊS CHECO

Para alargar o seu léxico e apurar
as suas competências linguísticas

7000 palavras

Vocabulário Português-Checo - 7000 palavras

Por Andrey Taranov

Os vocabulários da T&P Books destinam-se a ajudar a aprender, a memorizar, e a rever palavras estrangeiras. O dicionário é dividido em temas, cobrindo todas as principais esferas de atividades quotidianas, negócios, ciência, cultura, etc.

O processo de aprendizagem, utilizando os dicionários baseados em temáticas da T&P Books dá-lhe as seguintes vantagens:

- Informação de origem corretamente agrupada predetermina o sucesso em fases subsequentes da memorização de palavras
- Disponibilização de palavras derivadas da mesma raiz, o que permite a memorização de unidades de texto (em vez de palavras separadas)
- Pequenas unidades de palavras facilitam o processo de estabelecimento de vínculos associativos necessários para a consolidação do vocabulário
- O nível de conhecimento da língua pode ser estimado pelo número de palavras aprendidas

T&P Books Publishing
www.tpbooks.com

ISBN: 978-1-78400-904-5

Este livro também está disponível em formato E-book.
Por favor visite www.tpbooks.com ou as principais livrarias on-line.

VOCABULÁRIO CHECO
palavras mais úteis

Os vocabulários da T&P Books destinam-se a ajudar a aprender, a memorizar, e a rever palavras estrangeiras. O vocabulário contém mais de 7000 palavras de uso comum organizadas tematicamente.

O vocabulário contém as palavras mais comummente usadas
Recomendado como adicional para qualquer curso de línguas
Satisfaz as necessidades dos iniciados e dos alunos avançados de línguas estrangeiras
Conveniente para o uso diário, sessões de revisão e atividades de auto-teste
Permite avaliar o seu vocabulário

Características especias do vocabulário

- As palavras estão organizadas de acordo com o seu significado, e não por ordem alfabética
- As palavras são apresentadas em três colunas para facilitar os processos de revisão e auto-teste
- As palavras compostas são divididas em pequenos blocos para facilitar o processo de aprendizagem
- O vocabulário oferece uma transcrição simples e adequada de cada palavra estrangeira

O vocabulário contém 198 tópicos incluindo:

Conceitos básicos, Números, Cores, Meses, Estações do ano, Unidades de medida, Roupas & Acessórios, Alimentos & Nutrição, Restaurante, Membros da Família, Parentes, Caráter, Sentimentos, Emoções, Doenças, Cidade, Passeios, Compras, Dinheiro, Casa, Lar, Escritório, Trabalho no Escritório, Importação & Exportação, Marketing, Pesquisa de Emprego, Desportos, Educação, Computador, Internet, Ferramentas, Natureza, Países, Nacionalidades e muito mais ...

TABELA DE CONTEÚDOS

GUIA DE PRONUNCIAÇÃO

Alfabeto fonético T&P	Exemplo Checo	Exemplo Português
[a]	lavina [lavɪna]	chamar
[a:]	banán [bana:n]	rapaz
[e]	beseda [bɛsɛda]	metal
[ɛ:]	chléb [xlɛ:p]	plateia
[ɪ]	Bible [bɪblɛ]	sinónimo
[i:]	chudý [xudi:]	cair
[o]	epocha [ɛpoxa]	lobo
[o:]	diagnóza [dɪagno:za]	albatroz
[u]	dokument [dokumɛnt]	bonita
[u:]	chůva [xu:va]	blusa
[b]	babička [babɪʧka]	barril
[ʦ]	celnice [ʦɛlnɪʦɛ]	tsé-tsé
[ʧ]	vlčák [vlʧa:k]	Tchau!
[x]	archeologie [arxɛologɪe]	fricativa uvular surda
[d]	delfín [dɛlfi:n]	dentista
[dʲ]	Holanďan [holandʲan]	adiar
[f]	atmosféra [atmosfɛ:ra]	safári
[g]	galaxie [galaksɪe]	gosto
[h]	knihovna [knɪhovna]	[h] aspirada
[j]	jídlo [ji:dlo]	géiser
[k]	zaplakat [zaplakat]	kiwi
[l]	chlapec [xlapɛʦ]	libra
[m]	modelář [modɛla:rʃ]	magnólia
[n]	imunita [ɪmunɪta]	natureza
[nʲ]	báseň [ba:sɛnʲ]	ninhada
[ŋk]	vstupenka [vstupɛŋka]	alavanca
[p]	poločas [poloʧas]	presente
[r]	senátor [sɛna:tor]	riscar
[rʒ], [rʃ]	bouřka [bourʃka]	voz
[s]	svoboda [svoboda]	sanita
[ʃ]	šiška [ʃɪʃka]	mês
[t]	turista [turɪsta]	tulipa
[tʲ]	poušť [pouʃtʲ]	sitiar
[v]	veverka [vɛvɛrka]	fava
[z]	zapomínat [zapomi:nat]	sésamo
[ʒ]	ložisko [loʒɪsko]	talvez

ABREVIATURAS
usadas no vocabulário

Abreviaturas do Português

adj	-	adjetivo
adv	-	advérbio
anim.	-	animado
conj.	-	conjunção
desp.	-	desporto
etc.	-	etecetra
ex.	-	por exemplo
f	-	nome feminino
f pl	-	feminino plural
fem.	-	feminino
inanim.	-	inanimado
m	-	nome masculino
m pl	-	masculino plural
m, f	-	masculino, feminino
masc.	-	masculino
mat.	-	matemática
mil.	-	militar
pl	-	plural
prep.	-	preposição
pron.	-	pronome
sb.	-	sobre
sing.	-	singular
v aux	-	verbo auxiliar
vi	-	verbo intransitivo
vi, vt	-	verbo intransitivo, transitivo
vr	-	verbo reflexivo
vt	-	verbo transitivo

Abreviaturas do Checo

ž	-	nome feminino
ž mn	-	feminino plural
m	-	nome masculino
m mn	-	masculino plural
m, ž	-	masculino, feminino
mn	-	plural
s	-	neutro
s mn	-	neutro plural

CONCEITOS BÁSICOS

Conceitos básicos. Parte 1

1. Pronomes

eu	já	[ja:]
tu	ty	[tɪ]
ele	on	[on]
ela	ona	[ona]
nós	my	[mɪ]
vocês	vy	[vɪ]
eles, elas (inanim.)	ony	[onɪ]
eles, elas (anim.)	oni	[onɪ]

2. Cumprimentos. Saudações. Despedidas

Olá!	Dobrý den!	[dobri: dɛn]
Bom dia! (formal)	Dobrý den!	[dobri: dɛn]
Bom dia! (de manhã)	Dobré jitro!	[dobrɛ: jɪtro]
Boa tarde!	Dobrý den!	[dobri: dɛn]
Boa noite!	Dobrý večer!	[dobri: vɛtʃɛr]

cumprimentar (vt)	zdravit	[zdravɪt]
Olá!	Ahoj!	[ahoj]
saudação (f)	pozdrav (m)	[pozdraf]
saudar (vt)	zdravit	[zdravɪt]
Como vai?	Jak se máte?	[jak sɛ ma:tɛ]
O que há de novo?	Co je nového?	[tso jɛ novɛ:ho]

Até à vista!	Na shledanou!	[na sxlɛdanou]
Até breve!	Brzy na shledanou!	[brzɪ na sxlɛdanou]
Adeus!	Sbohem!	[zbohɛm]
despedir-se (vr)	loučit se	[loutʃɪt sɛ]
Até logo!	Ahoj!	[ahoj]

Obrigado! -a!	Děkuji!	[dekujɪ]
Muito obrigado! -a!	Děkuji mnohokrát!	[dekujɪ mnohokra:t]
De nada	Prosím	[prosi:m]
Não tem de quê	Nemoci se dočkat	[nɛmotsɪ sɛ dotʃkat]
De nada	Není zač	[nɛni: zatʃ]

Desculpa!	Promiň!	[promɪnʲ]
Desculpe!	Promiňte!	[promɪnʲtɛ]
desculpar (vt)	omlouvat	[omlouvat]

desculpar-se (vr)	omlouvat se	[omlouvat sɛ]
As minhas desculpas	Má soustrast	[ma: soustrast]
Desculpe!	Promiňte!	[promɪnʲtɛ]
perdoar (vt)	omlouvat	[omlouvat]
por favor	prosím	[prosi:m]

Não se esqueça!	Nezapomeňte!	[nɛzapomɛnʲtɛ]
Certamente! Claro!	Jistě!	[jɪste]
Claro que não!	Rozhodně ne!	[rozhodne nɛ]
Está bem! De acordo!	Souhlasím!	[souhlasi:m]
Basta!	Dost!	[dost]

3. Números cardinais. Parte 1

zero	nula (ž)	[nula]
um	jeden	[jɛdɛn]
dois	dva	[dva]
três	tři	[trʃɪ]
quatro	čtyři	[ʧtɪrʒɪ]

cinco	pět	[pet]
seis	šest	[ʃɛst]
sete	sedm	[sɛdm]
oito	osm	[osm]
nove	devět	[dɛvet]

dez	deset	[dɛsɛt]
onze	jedenáct	[jɛdɛna:tst]
doze	dvanáct	[dvana:tst]
treze	třináct	[trʃɪna:tst]
catorze	čtrnáct	[ʧtrna:tst]

quinze	patnáct	[patna:tst]
dezasseis	šestnáct	[ʃɛstna:tst]
dezassete	sedmnáct	[sɛdmna:tst]
dezoito	osmnáct	[osmna:tst]
dezanove	devatenáct	[dɛvatɛna:tst]

vinte	dvacet	[dvatsɛt]
vinte e um	dvacet jeden	[dvatsɛt jɛdɛn]
vinte e dois	dvacet dva	[dvatsɛt dva]
vinte e três	dvacet tři	[dvatsɛt trʃɪ]

trinta	třicet	[trʃɪtsɛt]
trinta e um	třicet jeden	[trʃɪtsɛt jɛdɛn]
trinta e dois	třicet dva	[trʃɪtsɛt dva]
trinta e três	třicet tři	[trʃɪtsɛt trʃɪ]

quarenta	čtyřicet	[ʧtɪrʒɪtsɛt]
quarenta e um	čtyřicet jeden	[ʧtɪrʒɪtsɛt jɛdɛn]
quarenta e dois	čtyřicet dva	[ʧtɪrʒɪtsɛt dva]
quarenta e três	čtyřicet tři	[ʧtɪrʒɪtsɛt trʃɪ]
cinquenta	padesát	[padesa:t]
cinquenta e um	padesát jeden	[padesa:t jɛdɛn]

| cinquenta e dois | padesát dva | [padesa:t dva] |
| cinquenta e três | padesát tři | [padesa:t trʃɪ] |

sessenta	šedesát	[ʃɛdɛsa:t
sessenta e um	šedesát jeden	[ʃɛdɛsa:t jɛdɛn]
sessenta e dois	šedesát dva	[ʃɛdɛsa:t dva]
sessenta e três	šedesát tři	[ʃɛdɛsa:t trʃɪ]

setenta	sedmdesát	[sɛdmdɛsa:t
setenta e um	sedmdesát jeden	[sɛdmdɛsa:t jɛdɛn]
setenta e dois	sedmdesát dva	[sɛdmdɛsa:t dva]
setenta e três	sedmdesát tři	[sɛdmdɛsa:t trʃɪ]

oitenta	osmdesát	[osmdɛsa:t
oitenta e um	osmdesát jeden	[osmdɛsa:t jɛdɛn]
oitenta e dois	osmdesát dva	[osmdɛsa:t dva]
oitenta e três	osmdesát tři	[osmdɛsa:t trʃɪ]

noventa	devadesát	[dɛvadɛsa:t
noventa e um	devadesát jeden	[dɛvadɛsa:t jɛdɛn]
noventa e dois	devadesát dva	[dɛvadɛsa:t dva]
noventa e três	devadesát tři	[dɛvadɛsa:t trʃɪ]

4. Números cardinais. Parte 2

cem	sto	[sto]
duzentos	dvě stě	[dve ste]
trezentos	tři sta	[trʃɪ sta]
quatrocentos	čtyři sta	[tʃtɪrʒɪ sta]
quinhentos	pět set	[pet sɛt]

seiscentos	šest set	[ʃɛst sɛt]
setecentos	sedm set	[sɛdm sɛt]
oitocentos	osm set	[osm sɛt]
novecentos	devět set	[dɛvet sɛt]

mil	tisíc (m)	[tɪsi:ts]
dois mil	dva tisíce	[dva tɪsi:tsɛ]
De quem são ...?	tři tisíce	[trʃɪ tɪsi:tsɛ]
dez mil	deset tisíc	[dɛsɛt tɪsi:ts]
cem mil	sto tisíc	[sto tɪsi:ts]
um milhão	milión (m)	[mɪlɪo:n]
mil milhões	miliarda (ž)	[mɪlɪarda]

5. Números. Frações

fração (f)	zlomek (m)	[zlomɛk]
um meio	polovina (ž)	[polovɪna]
um terço	třetina (ž)	[trʃɛtɪna]
um quarto	čtvrtina (ž)	[tʃtvrtɪna]
um oitavo	osmina (ž)	[osmɪna]
um décimo	desetina (ž)	[dɛsɛtɪna]

| dois terços | dvě třetiny (ž) | [dve trʃɛtɪnɪ] |
| três quartos | tři čtvrtiny (ž) | [trʃɪ tʃtvrtɪnɪ] |

6. Números. Operações básicas

subtração (f)	odčítání (s)	[odtʃi:ta:ni:]
subtrair (vi, vt)	odčítat	[odtʃi:tat]
divisão (f)	dělení (s)	[delɛni:]
dividir (vt)	dělit	[delɪt]

adição (f)	sčítání (s)	[stʃi:ta:ni:]
somar (vt)	sečíst	[sɛtʃi:st]
adicionar (vt)	přidávat	[prʃɪda:vat]
multiplicação (f)	násobení (s)	[na:sobɛni:]
multiplicar (vt)	násobit	[na:sobɪt]

7. Números. Diversos

algarismo, dígito (m)	číslice (ž)	[tʃi:slɪtsɛ]
número (m)	číslo (s)	[tʃi:slo]
numeral (m)	číslovka (ž)	[tʃi:slofka]
menos (m)	minus (m)	[mi:nus]
mais (m)	plus (m)	[plus]
fórmula (f)	vzorec (m)	[vzorɛts]

cálculo (m)	vypočítávání (s)	[vɪpotʃi.la.va.rıl:]
contar (vt)	počítat	[potʃi:tat]
calcular (vt)	vypočítávat	[vɪpotʃi:ta:vat]
comparar (vt)	srovnávat	[srovna:vat]

Quanto, -os, -as?	Kolik?	[kolɪk]
soma (f)	součet (m)	[soutʃɛt]
resultado (m)	výsledek (m)	[vi:slɛdɛk]
resto (m)	zůstatek (m)	[zu:statɛk]

alguns, algumas ...	několik	[nekolɪk]
um pouco de ...	málo	[ma:lo]
resto (m)	zbytek (m)	[zbɪtɛk]
um e meio	půl druhého	[pu:l druhɛ:ho]
dúzia (f)	tucet (m)	[tutsɛt]

ao meio	napolovic	[napolovɪts]
em partes iguais	stejně	[stɛjne]
metade (f)	polovina (ž)	[polovɪna]
vez (f)	krát	[kra:t]

8. Os verbos mais importantes. Parte 1

| abrir (vt) | otvírat | [otvi:rat] |
| acabar, terminar (vt) | končit | [kontʃɪt] |

aconselhar (vt)	radit	[radɪt]
adivinhar (vt)	rozluštit	[rozluʃtɪt]
advertir (vt)	upozorňovat	[upozorɲ'ovat]

ajudar (vt)	pomáhat	[poma:hat]
almoçar (vi)	obědvat	[obedvat]
alugar (~ um apartamento)	pronajímat si	[pronaji:mat sɪ]
amar (vt)	milovat	[mɪlovat]
ameaçar (vt)	vyhrožovat	[vɪhroʒovat]

anotar (escrever)	zapisovat si	[zapɪsovat sɪ]
apressar-se (vr)	spěchat	[spexat]
arrepender-se (vr)	litovat	[lɪtovat]
assinar (vt)	podepisovat	[podɛpɪsovat]

atirar, disparar (vi)	střílet	[strʃi:lɛt]
brincar (vi)	žertovat	[ʒertovat]
brincar, jogar (crianças)	hrát	[hra:t]
buscar (vt)	hledat	[hlɛdat]
caçar (vi)	lovit	[lovɪt]

cair (vi)	padat	[padat]
cavar (vt)	rýt	[ri:t]
cessar (vt)	zastavovat	[zastavovat]
chamar (~ por socorro)	volat	[volat]
chegar (vi)	přijíždět	[prʃɪji:ʒdet]
chorar (vi)	plakat	[plakat]

começar (vt)	začínat	[zatʃi:nat]
comparar (vt)	porovnávat	[porovna:vat]
compreender (vt)	rozumět	[rozumnet]
concordar (vi)	souhlasit	[souhlasɪt]
confiar (vt)	důvěřovat	[du:verʒovat]

confundir (equivocar-se)	plést	[plɛ:st]
conhecer (vt)	znát	[zna:t]
contar (fazer contas)	počítat	[potʃi:tat]
contar com (esperar)	spoléhat na ...	[spolɛ:hat na]
continuar (vt)	pokračovat	[pokratʃovat]

controlar (vt)	kontrolovat	[kontrolovat]
convidar (vt)	zvát	[zva:t]
correr (vi)	běžet	[beʒet]
criar (vt)	vytvořit	[vɪtvorʒɪt]
custar (vt)	stát	[sta:t]

9. Os verbos mais importantes. Parte 2

dar (vt)	dávat	[da:vat]
dar uma dica	narážet	[nara:ʒet]
decorar (enfeitar)	zdobit	[zdobɪt]
defender (vt)	bránit	[bra:nɪt]
deixar cair (vt)	pouštět	[pouʃtet]
descer (para baixo)	jít dolů	[ji:t dolu:]

desculpar-se (vr)	omlouvat se	[omlouvat sɛ]
dirigir (~ uma empresa)	řídit	[rʒi:dɪt]
discutir (notícias, etc.)	projednávat	[projɛdna:vat]
dizer (vt)	říci	[rʒi:ʦɪ]

duvidar (vt)	pochybovat	[poxɪbovat]
encontrar (achar)	nacházet	[naxa:zɛt]
enganar (vt)	podvádět	[podva:det]
entrar (na sala, etc.)	vcházet	[vxa:zet]
enviar (uma carta)	odesílat	[odɛsi:lat]

errar (equivocar-se)	mýlit se	[mi:lɪt sɛ]
escolher (vt)	vybírat	[vɪbi:rat]
esconder (vt)	schovávat	[sxova:vat]
escrever (vt)	psát	[psa:t]
esperar (o autocarro, etc.)	čekat	[ʧɛkat]

esperar (ter esperança)	doufat	[doufat]
esquecer (vt)	zapomínat	[zapomi:nat]
estudar (vt)	studovat	[studovat]
exigir (vt)	žádat	[ʒa:dat]
existir (vi)	existovat	[ɛgzɪstovat]

explicar (vt)	vysvětlovat	[vɪsvetlovat]
falar (vi)	mluvit	[mluvɪt]
faltar (clases, etc.)	zameškávat	[zameʃka:vat]
fazer (vt)	dělat	[delat]
ficar em silêncio	mlčet	[mlʧɛt]
gabar-se, jactar-se (vr)	vychloubat se	[vɪxloubat sɛ]

gostar (apreciar)	líbit se	[li:bɪt sɛ]
gritar (vi)	křičet	[krʃɪʧɛt]
guardar (cartas, etc.)	zachovávat	[zaxova:vat]
informar (vt)	informovat	[ɪnformovat]
insistir (vi)	trvat	[trvat]

insultar (vt)	urážet	[ura:ʒet]
interessar-se (vr)	zajímat se	[zaji:mat sɛ]
ir (a pé)	jít	[ji:t]
ir nadar	koupat se	[koupat sɛ]
jantar (vi)	večeřet	[vɛʧɛrʒɛt]

10. Os verbos mais importantes. Parte 3

ler (vt)	číst	[ʧi:st]
libertar (cidade, etc.)	osvobozovat	[osvobozovat]
matar (vt)	zabíjet	[zabi:jɛt]
mencionar (vt)	zmiňovat se	[zmɪɲovat sɛ]
mostrar (vt)	ukazovat	[ukazovat]

mudar (modificar)	změnit	[zmnenɪt]
nadar (vi)	plavat	[plavat]
negar-se a …	odmítat	[odmi:tat]
objetar (vt)	namítat	[nami:tat]

17

observar (vt)	pozorovat	[pozorovat]
ordenar (mil.)	rozkazovat	[roskazovat]
ouvir (vt)	slyšet	[slɪʃɛt]
pagar (vt)	platit	[platɪt]
parar (vi)	zastavovat se	[zastavovat sɛ]

participar (vi)	zúčastnit se	[zu:t͡ʃastnɪt sɛ]
pedir (comida)	objednávat	[objɛdna:vat]
pedir (um favor, etc.)	prosit	[prosɪt]
pegar (tomar)	brát	[bra:t]
pensar (vt)	myslit	[mɪslɪt]

perceber (ver)	všímat si	[vʃi:mat sɪ]
perdoar (vt)	odpouštět	[otpouʃtet]
perguntar (vt)	ptát se	[pta:t sɛ]
permitir (vt)	dovolovat	[dovolovat]
pertencer a ...	patřit	[patrʃɪt]

planear (vt)	plánovat	[pla:novat]
poder (vi)	moci	[mot͡sɪ]
possuir (vt)	vlastnit	[vlastnɪt]
preferir (vt)	dávat přednost	[da:vat prʃɛdnost]
preparar (vt)	vařit	[varʒɪt]

prever (vt)	předvídat	[prʃɛdvi:dat]
prometer (vt)	slibovat	[slɪbovat]
pronunciar (vt)	vyslovovat	[vɪslovovat]
propor (vt)	nabízet	[nabi:zɛt]
punir (castigar)	trestat	[trɛstat]

11. Os verbos mais importantes. Parte 4

queixar-se (vr)	stěžovat si	[steʒovat sɪ]
querer (desejar)	chtít	[xti:t]
recomendar (vt)	doporučovat	[doporut͡ʃovat]
repetir (dizer outra vez)	opakovat	[opakovat]

repreender (vt)	nadávat	[nada:vat]
reservar (~ um quarto)	rezervovat	[rɛzɛrvovat]
responder (vt)	odpovídat	[otpovi:dat]
rezar, orar (vi)	modlit se	[modlɪt sɛ]
rir (vi)	smát se	[sma:t sɛ]

roubar (vt)	krást	[kra:st]
saber (vt)	vědět	[vedet]
sair (~ de casa)	vycházet	[vɪxa:zɛt]
salvar (vt)	zachraňovat	[zaxranʲovat]
seguir ...	následovat	[na:slɛdovat]

sentar-se (vr)	sednout si	[sɛdnout sɪ]
ser necessário	být potřebný	[bi:t potrʃɛbni:]
ser, estar	být	[bi:t]
significar (vt)	znamenat	[znamɛnat]
sorrir (vi)	usmívat se	[usmi:vat sɛ]

subestimar (vt)	podceňovat	[podtsɛnʲovat]
surpreender-se (vr)	divit se	[dɪvɪt sɛ]
tentar (vt)	zkoušet	[skouʃɛt]

ter (vt)	mít	[miːt]
ter fome	mít hlad	[miːt hlat]
ter medo	bát se	[baːt sɛ]
ter sede	mít žízeň	[miːt ʒiːzɛnʲ]

tocar (com as mãos)	dotýkat se	[dotiːkat sɛ]
tomar o pequeno-almoço	snídat	[sniːdat]
trabalhar (vi)	pracovat	[pratsovat]
traduzir (vt)	překládat	[prʃɛklaːdat]
unir (vt)	sjednocovat	[sjɛdnotsovat]

vender (vt)	prodávat	[prodaːvat]
ver (vt)	vidět	[vɪdet]
virar (ex. ~ à direita)	zatáčet	[zataːtʃɛt]
voar (vi)	letět	[lɛtet]

12. Cores

cor (f)	barva (ž)	[barva]
matiz (m)	odstín (m)	[otstiːn]
tom (m)	tón (m)	[toːn]
arco-íris (m)	duha (ž)	[duha]

branco	bílý	[biːliː]
preto	černý	[tʃɛrniː]
cinzento	šedý	[ʃɛdiː]

verde	zelený	[zɛlɛniː]
amarelo	žlutý	[ʒlutiː]
vermelho	červený	[tʃɛrvɛniː]

azul	modrý	[modriː]
azul claro	bledě modrý	[blɛde modriː]
rosa	růžový	[ruːʒoviː]
laranja	oranžový	[oranʒoviː]
violeta	fialový	[fɪaloviː]
castanho	hnědý	[hnediː]

| dourado | zlatý | [zlatiː] |
| prateado | stříbřitý | [strʃiːbrʒɪtiː] |

bege	béžový	[bɛːʒoviː]
creme	krémový	[krɛːmoviː]
turquesa	tyrkysový	[tɪrkɪsoviː]
vermelho cereja	višňový	[vɪʃnʲoviː]
lilás	lila	[lɪla]
carmesim	malinový	[malɪnoviː]

| claro | světlý | [svetliː] |
| escuro | tmavý | [tmaviː] |

vivo	jasný	[jasni:]
de cor	barevný	[barɛvni:]
a cores	barevný	[barɛvni:]
preto e branco	černobílý	[ʧɛrnobi:li:]
unicolor	jednobarevný	[jɛdnobarɛvni:]
multicor	různobarevný	[ru:znobarɛvni:]

13. Questões

Quem?	Kdo?	[gdo]
Que?	Co?	[ʦo]
Onde?	Kde?	[gdɛ]
Para onde?	Kam?	[kam]
De onde?	Odkud?	[otkut]
Quando?	Kdy?	[gdɪ]
Para quê?	Proč?	[proʧ]
Porquê?	Proč?	[proʧ]

Para quê?	Na co?	[na ʦo]
Como?	Jak?	[jak]
Qual?	Jaký?	[jaki:]
Qual? (entre dois ou mais)	Který?	[ktɛri:]

A quem?	Komu?	[komu]
Sobre quem?	O kom?	[o kom]
Do quê?	O čem?	[o ʧɛm]
Com quem?	S kým?	[s ki:m]

Quanto, -os, -as?	Kolik?	[kolɪk]
De quem? (masc.)	Čí?	[ʧi:]

14. Palavras funcionais. Advérbios. Parte 1

Onde?	Kde?	[gdɛ]
aqui	zde	[zdɛ]
lá, ali	tam	[tam]

em algum lugar	někde	[negdɛ]
em lugar nenhum	nikde	[nɪgdɛ]

ao pé de …	u …	[u]
ao pé da janela	u okna	[u okna]

Para onde?	Kam?	[kam]
para cá	sem	[sɛm]
para lá	tam	[tam]
daqui	odsud	[otsut]
de lá, dali	odtamtud	[odtamtut]

perto	blízko	[bli:sko]
longe	daleko	[dalɛko]
perto de …	kolem	[kolɛm]

ao lado de	poblíž	[pobli:ʒ]
perto, não fica longe	nedaleko	[nɛdalɛko]

esquerdo	levý	[lɛvi:]
à esquerda	zleva	[zlɛva]
para esquerda	vlevo	[vlɛvo]

direito	pravý	[pravi:]
à direita	zprava	[sprava]
para direita	vpravo	[vpravo]

à frente	zpředu	[sprʃɛdu]
da frente	přední	[prʃɛdni:]
em frente (para a frente)	vpřed	[vprʃɛt]

atrás de ...	za	[za]
por detrás (vir ~)	zezadu	[zɛzadu]
para trás	zpět	[spet]

meio (m), metade (f)	střed (m)	[strʃɛt]
no meio	uprostřed	[uprostrʃɛt]

de lado	z boku	[z boku]
em todo lugar	všude	[vʃudɛ]
ao redor (olhar ~)	kolem	[kolɛm]

de dentro	zevnitř	[zɛvnɪtrʃ]
para algum lugar	někam	[nekam]
diretamente	přímo	[prʃi:mo]
de volta	zpět	[spet]

de algum lugar	odněkud	[odnekut]
de um lugar	odněkud	[odnekut]

em primeiro lugar	za prvé	[za prvɛ:]
em segundo lugar	za druhé	[za druhɛ:]
em terceiro lugar	za třetí	[za trʃɛti:]

de repente	najednou	[najɛdnou]
no início	zpočátku	[spotʃa:tku]
pela primeira vez	poprvé	[poprvɛ:]
muito antes de ...	dávno před ...	[da:vno prʃɛt]
de novo, novamente	znovu	[znovu]
para sempre	navždy	[navʒdɪ]

nunca	nikdy	[nɪgdɪ]
de novo	opět	[opet]
agora	nyní	[nɪni:]
frequentemente	často	[ʧasto]
então	tehdy	[tɛhdɪ]
urgentemente	neodkladně	[nɛotkladne]
usualmente	obyčejně	[obɪʧɛjne]

a propósito, ...	mimochodem	[mɪmoxodɛm]
é possível	možná	[moʒna:]
provavelmente	asi	[asɪ]

talvez	možná	[moʒna:]
além disso, ...	kromě toho ...	[kromne toho]
por isso ...	proto ...	[proto]
apesar de ...	nehledě na ...	[nɛhlɛde na]
graças a ...	díky ...	[di:kɪ]

que (pron.)	co	[ʦo]
que (conj.)	že	[ʒe]
algo	něco	[neʦo]
alguma coisa	něco	[neʦo]
nada	nic	[nɪʦ]

quem	kdo	[gdo]
alguém (~ teve uma ideia ...)	někdo	[negdo]
alguém	někdo	[negdo]

ninguém	nikdo	[nɪgdo]
para lugar nenhum	nikam	[nɪkam]
de ninguém	ničí	[nɪʧi:]
de alguém	něčí	[neʧi:]

tão	tak	[tak]
também (gostaria ~ de ...)	také	[takɛ:]
também (~ eu)	také	[takɛ:]

15. Palavras funcionais. Advérbios. Parte 2

Porquê?	Proč?	[proʧ]
por alguma razão	z nějakých důvodů	[z nejaki:x du:vodu:]
porque ...	protože ...	[protoʒe]
por qualquer razão	z nějakých důvodů	[z nejaki:x du:vodu:]

e (tu ~ eu)	a	[a]
ou (ser ~ não ser)	nebo	[nɛbo]
mas (porém)	ale	[alɛ]
para (~ a minha mãe)	pro	[pro]

demasiado, muito	příliš	[prʃi:lɪʃ]
só, somente	jenom	[jɛnom]
exatamente	přesně	[prʃɛsne]
cerca de (~ 10 kg)	kolem	[kolɛm]

aproximadamente	přibližně	[prʃɪblɪʒne]
aproximado	přibližný	[prʃɪblɪʒni:]
quase	skoro	[skoro]
resto (m)	zbytek (m)	[zbɪtɛk]

cada	každý	[kaʒdi:]
qualquer	každý	[kaʒdi:]
muito	mnoho	[mnoho]
muitas pessoas	mnozí	[mnozi:]
todos	všichni	[vʃɪxnɪ]
em troca de ...	výměnou za ...	[vi:mnenou za]
em troca	místo	[mi:sto]

| à mão | ručně | [rutʃne] |
| pouco provável | sotva | [sotva] |

provavelmente	asi	[asɪ]
de propósito	schválně	[sxva:lne]
por acidente	náhodou	[na:hodou]

muito	velmi	[vɛlmɪ]
por exemplo	například	[naprʃi:klat]
entre	mezi	[mɛzɪ]
entre (no meio de)	mezi	[mɛzɪ]
tanto	tolik	[tolɪk]
especialmente	zejména	[zɛjmɛ:na]

Conceitos básicos. Parte 2

16. Opostos

rico	bohatý	[bohati:]
pobre	chudý	[xudi:]
doente	nemocný	[nɛmotsni:]
são	zdravý	[zdravi:]
grande	velký	[vɛlki:]
pequeno	malý	[mali:]
rapidamente	rychle	[rɪxlɛ]
lentamente	pomalu	[pomalu]
rápido	rychlý	[rɪxli:]
lento	pomalý	[pomali:]
alegre	veselý	[vɛsɛli:]
triste	smutný	[smutni:]
juntos	spolu	[spolu]
separadamente	zvlášť	[zvla:ʃtʲ]
em voz alta (ler ~)	nahlas	[nahlas]
para si (em silêncio)	pro sebe	[pro sɛbɛ]
alto	vysoký	[vɪsoki:]
baixo	nízký	[ni:ski:]
profundo	hluboký	[hluboki:]
pouco fundo	mělký	[mnelki:]
sim	ano	[ano]
não	ne	[nɛ]
distante (no espaço)	daleký	[dalɛki:]
próximo	blízký	[bli:ski:]
longe	daleko	[dalɛko]
perto	vedle	[vɛdlɛ]
longo	dlouhý	[dlouhi:]
curto	krátký	[kra:tki:]
bom, bondoso	dobrý	[dobri:]
mau	zlý	[zli:]
casado	ženatý	[ʒenati:]

solteiro	svobodný	[svobodni:]
proibir (vt)	zakázat	[zaka:zat]
permitir (vt)	dovolit	[dovolɪt]
fim (m)	konec (m)	[konɛʦ]
começo (m)	začátek (m)	[zatʃa:tɛk]
esquerdo	levý	[lɛvi:]
direito	pravý	[pravi:]
primeiro	první	[prvni:]
último	poslední	[poslɛdni:]
crime (m)	zločin (m)	[zlotʃɪn]
castigo (m)	trest (m)	[trɛst]
ordenar (vt)	rozkázat	[roska:zat]
obedecer (vt)	podřídit se	[podrʒi:dɪt sɛ]
reto	přímý	[prʃi:mi:]
curvo	křivý	[krʃɪvi:]
paraíso (m)	ráj (m)	[ra:j]
inferno (m)	peklo (s)	[pɛklo]
nascer (vi)	narodit se	[narodɪt sɛ]
morrer (vi)	umřít	[umrʒi:t]
forte	silný	[cɪlni:]
fraco, débil	slabý	[slabi:]
idoso	starý	[stari:]
jovem	mladý	[mladi:]
velho	starý	[stari:]
novo	nový	[novi:]
duro	tvrdý	[tvrdi:]
mole	měkký	[mneki:]
tépido	teplý	[tɛpli:]
frio	studený	[studɛni:]
gordo	tlustý	[tlusti:]
magro	hubený	[hubɛni:]
estreito	úzký	[u:ski:]
largo	široký	[ʃɪroki:]
bom	dobrý	[dobri:]
mau	špatný	[ʃpatni:]
valente	chrabrý	[xrabri:]
cobarde	bázlivý	[ba:zlɪvi:]

17. Dias da semana

segunda-feira (f)	pondělí (s)	[pondeli:]
terça-feira (f)	úterý (s)	[u:tɛri:]
quarta-feira (f)	středa (ž)	[strʃɛda]
quinta-feira (f)	čtvrtek (m)	[ʧtvrtɛk]
sexta-feira (f)	pátek (m)	[pa:tɛk]
sábado (m)	sobota (ž)	[sobota]
domingo (m)	neděle (ž)	[nɛdelɛ]

hoje	dnes	[dnɛs]
amanhã	zítra	[zi:tra]
depois de amanhã	pozítří	[pozi:trʃi:]
ontem	včera	[vʧɛra]
anteontem	předevčírem	[prʃɛdɛvʧi:rɛm]

dia (m)	den (m)	[dɛn]
dia (m) de trabalho	pracovní den (m)	[pratsovni: dɛn]
feriado (m)	sváteční den (m)	[sva:tɛʧni: dɛn]
dia (m) de folga	volno (s)	[volno]
fim (m) de semana	víkend (m)	[vi:kɛnt]

o dia todo	celý den	[ʦɛli: dɛn]
no dia seguinte	příští den	[prʃi:ʃti: dɛn]
há dois dias	před dvěma dny	[prʃɛd dvema dnɪ]
na véspera	den předtím	[dɛn prʃɛdti:m]
diário	denní	[dɛnni:]
todos os dias	denně	[dɛnne]

semana (f)	týden (m)	[ti:dɛn]
na semana passada	minulý týden	[mɪnuli: ti:dɛn]
na próxima semana	příští týden	[prʃi:ʃti: ti:dɛn]
semanal	týdenní	[ti:dɛnni:]
cada semana	týdně	[ti:dne]
duas vezes por semana	dvakrát týdně	[dvakra:t ti:dne]
cada terça-feira	každé úterý	[kaʒdɛ: u:tɛri:]

18. Horas. Dia e noite

manhã (f)	ráno (s)	[ra:no]
de manhã	ráno	[ra:no]
meio-dia (m)	poledne (s)	[polɛdnɛ]
à tarde	odpoledne	[otpolɛdnɛ]

noite (f)	večer (m)	[vɛʧɛr]
à noite (noitinha)	večer	[vɛʧɛr]
noite (f)	noc (ž)	[noʦ]
à noite	v noci	[v noʦɪ]
meia-noite (f)	půlnoc (ž)	[pu:lnoʦ]

segundo (m)	sekunda (ž)	[sɛkunda]
minuto (m)	minuta (ž)	[mɪnuta]
hora (f)	hodina (ž)	[hodɪna]

meia hora (f)	půlhodina (ž)	[pu:lhodɪna]
quarto (m) de hora	čtvrthodina (ž)	[ʧtvrthodɪna]
quinze minutos	patnáct minut	[patna:ʦt mɪnut]
vinte e quatro horas	den a noc	[dɛn a noʦ]

nascer (m) do sol	východ (m) slunce	[vi:xod slunʦɛ]
amanhecer (m)	úsvit (m)	[u:svɪt]
madrugada (f)	časné ráno (s)	[ʧasnɛ: ra:no]
pôr do sol (m)	západ (m) slunce	[za:pat slunʦɛ]

de madrugada	brzy ráno	[brzɪ ra:no]
hoje de manhã	dnes ráno	[dnɛs ra:no]
amanhã de manhã	zítra ráno	[zi:tra ra:no]

hoje à tarde	dnes odpoledne	[dnɛs otpolɛdnɛ]
à tarde	odpoledne	[otpolɛdnɛ]
amanhã à tarde	zítra odpoledne	[zi:tra otpolɛdnɛ]

| hoje à noite | dnes večer | [dnɛs vɛʧɛr] |
| amanhã à noite | zítra večer | [zi:tra vɛʧɛr] |

às três horas em ponto	přesně ve tři hodiny	[prʃɛsne vɛ trʃɪ hodɪnɪ]
por volta das quatro	kolem čtyř hodin	[kolɛm ʧtɪrʒ hodɪn]
às doze	do dvanácti hodin	[do dvana:ʦtɪ hodɪn]

dentro de vinte minutos	za dvacet minut	[za dvaʦɛt mɪnut]
dentro duma hora	za hodinu	[za hodɪnu]
a tempo	včas	[vʧas]

menos um quarto	tři čtvrtě	[trʃɪ ʧtvrte]
durante uma hora	během hodiny	[bɛhɛm hodɪnɪ]
a cada quinze minutos	každých patnáct minut	[kaʒdi:x patna:ʦt mɪnut]
as vinte e quatro horas	celodenně	[ʦɛlodɛnnɛ]

19. Meses. Estações

janeiro (m)	leden (m)	[lɛdɛn]
fevereiro (m)	únor (m)	[u:nor]
março (m)	březen (m)	[brʒɛzɛn]
abril (m)	duben (m)	[dubɛn]
maio (m)	květen (m)	[kvetɛn]
junho (m)	červen (m)	[ʧɛrvɛn]

julho (m)	červenec (m)	[ʧɛrvɛnɛʦ]
agosto (m)	srpen (m)	[srpɛn]
setembro (m)	září (s)	[za:rʒi:]
outubro (m)	říjen (m)	[rʒi:jɛn]
novembro (m)	listopad (m)	[lɪstopat]
dezembro (m)	prosinec (m)	[prosɪnɛʦ]

primavera (f)	jaro (s)	[jaro]
na primavera	na jaře	[na jarʒɛ]
primaveril	jarní	[jarni:]
verão (m)	léto (s)	[lɛ:to]

27

| no verão | v létě | [v lɛ:te] |
| de verão | letní | [lɛtni:] |

outono (m)	podzim (m)	[podzɪm]
no outono	na podzim	[na podzɪm]
outonal	podzimní	[podzɪmni:]

inverno (m)	zima (ž)	[zɪma]
no inverno	v zimě	[v zɪmne]
de inverno	zimní	[zɪmni:]
mês (m)	měsíc (m)	[mnesi:ts]
este mês	tento měsíc	[tɛnto mnesi:ts]
no próximo mês	příští měsíc	[prʃi:ʃti: mnesi:ts]
no mês passado	minulý měsíc	[mɪnuli: mnesi:ts]

há um mês	před měsícem	[prʃɛd mnesi:tsɛm]
dentro de um mês	za měsíc	[za mnesi:ts]
dentro de dois meses	za dva měsíce	[za dva mnesi:tsɛ]
todo o mês	celý měsíc	[tsɛli: mnesi:ts]
um mês inteiro	celý měsíc	[tsɛli: mnesi:ts]

mensal	měsíční	[mnesi:tʃni:]
mensalmente	každý měsíc	[kaʒdi: mnesi:ts]
cada mês	měsíčně	[mnesi:tʃne]
duas vezes por mês	dvakrát měsíčně	[dvakra:t mnesi:tʃne]

ano (m)	rok (m)	[rok]
este ano	letos	[lɛtos]
no próximo ano	příští rok	[prʃi:ʃti: rok]
no ano passado	vloni	[vlonɪ]
há um ano	před rokem	[prʃɛd rokɛm]
dentro dum ano	za rok	[za rok]
dentro de 2 anos	za dva roky	[za dva rokɪ]
todo o ano	celý rok	[tsɛli: rok]
um ano inteiro	celý rok	[tsɛli: rok]

cada ano	každý rok	[kaʒdi: rok]
anual	každoroční	[kaʒdorotʃni:]
anualmente	každoročně	[kaʒdorotʃne]
quatro vezes por ano	čtyřikrát za rok	[tʃtɪrʒɪkra:t za rok]

data (~ de hoje)	datum (s)	[datum]
data (ex. ~ de nascimento)	datum (s)	[datum]
calendário (m)	kalendář (m)	[kalɛnda:rʃ]

meio ano	půl roku	[pu:l roku]
seis meses	půlrok (m)	[pu:lrok]
estação (f)	období (s)	[obdobi:]
século (m)	století (s)	[stolɛti:]

20. Tempo. Diversos

| tempo (m) | čas (m) | [tʃas] |
| momento (m) | okamžik (m) | [okamʒɪk] |

instante (m)	okamžik (m)	[okamʒɪk]
instantâneo	okamžitý	[okamʒɪti:]
lapso (m) de tempo	časový úsek (m)	[ʧasovi: u:sɛk]
vida (f)	život (m)	[ʒɪvot]
eternidade (f)	věčnost (ž)	[vetʃnost]

época (f)	epocha (ž)	[ɛpoxa]
era (f)	éra (ž)	[ɛ:ra]
ciclo (m)	cyklus (m)	[tsɪklus]
período (m)	období (s)	[obdobi:]
prazo (m)	doba (ž)	[doba]

futuro (m)	budoucnost (ž)	[budoutsnost]
futuro	příští	[prʃi:ʃti:]
da próxima vez	příště	[prʃi:ʃte]
passado (m)	minulost (ž)	[mɪnulost]
passado	minulý	[mɪnuli:]
na vez passada	minule	[mɪnulɛ]
mais tarde	později	[pozdejɪ]
depois	po	[po]
atualmente	nyní	[nɪni:]
agora	teď	[tɛtʲ]
imediatamente	okamžitě	[okamʒɪte]
em breve, brevemente	brzo	[brzo]
de antemão	předem	[prʃɛdɛm]

há muito tempo	dávno	[da:vno]
há pouco tempo	nedávno	[nɛda:vno]
destino (m)	osud (m)	[osut]
rocordações (f pl)	paměť (ž)	[pamnetʲ]
arquivo (m)	archiv (m)	[arxi:f]
durante ...	během ...	[behɛm]
durante muito tempo	dlouho	[dlouho]
pouco tempo	nedlouho	[nɛdlouho]
cedo (levantar-se ~)	brzy	[brzɪ]
tarde (deitar-se ~)	pozdě	[pozde]

para sempre	navždy	[navʒdɪ]
começar (vt)	začínat	[zaʧi:nat]
adiar (vt)	posunout	[posunout]

simultaneamente	současně	[soutʃasne]
permanentemente	stále	[sta:lɛ]
constante (ruído, etc.)	neustálý	[nɛusta:li:]
temporário	dočasný	[doʧasni:]

às vezes	někdy	[negdɪ]
raramente	málokdy	[ma:logdɪ]
frequentemente	často	[ʧasto]

21. Linhas e formas

| quadrado (m) | čtverec (m) | [ʧtvɛrɛts] |
| quadrado | čtvercový | [ʧtvɛrtsovi:] |

29

círculo (m)	kruh (m)	[krux]
redondo	kulatý	[kulati:]
triângulo (m)	trojúhelník (m)	[troju:hɛlni:k]
triangular	trojúhelníkový	[troju:hɛlni:kovi:]

oval (f)	ovál (m)	[ova:l]
oval	oválný	[ova:lni:]
retângulo (m)	obdélník (m)	[obdɛ:lni:k]
retangular	obdélníkový	[obdɛ:lni:kovi:]

pirâmide (f)	jehlan (m)	[jɛhlan]
rombo, losango (m)	kosočtverec (m)	[kosoʧtvɛrɛʦ]
trapézio (m)	lichoběžník (m)	[lɪxobeʒni:k]
cubo (m)	krychle (ž)	[krɪxlɛ]
prisma (m)	hranol (m)	[hranol]

circunferência (f)	kružnice (ž)	[kruʒnɪʦɛ]
esfera (f)	sféra (ž)	[sfɛ:ra]
globo (m)	koule (ž)	[koulɛ]
diâmetro (m)	průměr (m)	[pru:mner]
raio (m)	poloměr (m)	[polomner]
perímetro (m)	obvod (m)	[obvot]
centro (m)	střed (m)	[strʃɛt]

horizontal	vodorovný	[vodorovni:]
vertical	svislý	[svɪsli:]
paralela (f)	rovnoběžka (ž)	[rovnobeʃka]
paralelo	paralelní	[paralɛlni:]

linha (f)	linie (ž)	[lɪnɪe]
traço (m)	čára (ž)	[ʧa:ra]
reta (f)	přímka (ž)	[prʃi:mka]
curva (f)	křivka (ž)	[krʃɪfka]
fino (linha ~a)	tenký	[tɛŋki:]
contorno (m)	obrys (m)	[obrɪs]

interseção (f)	průsečík (m)	[pru:sɛʧi:k]
ângulo (m) reto	pravý úhel (m)	[pravi: u:hɛl]
segmento (m)	segment (m)	[sɛgmɛnt]
setor (m)	sektor (m)	[sɛktor]
lado (de um triângulo, etc.)	strana (ž)	[strana]
ângulo (m)	úhel (m)	[u:hɛl]

22. Unidades de medida

peso (m)	váha (ž)	[va:ha]
comprimento (m)	délka (ž)	[dɛ:lka]
largura (f)	šířka (ž)	[ʃi:rʃka]
altura (f)	výška (ž)	[vi:ʃka]
profundidade (f)	hloubka (ž)	[hloupka]
volume (m)	objem (m)	[objɛm]
área (f)	plocha (ž)	[ploxa]
grama (m)	gram (m)	[gram]
miligrama (m)	miligram (m)	[mɪlɪgram]

quilograma (m)	kilogram (m)	[kɪlogram]
tonelada (f)	tuna (ž)	[tuna]
libra (453,6 gramas)	libra (ž)	[lɪbra]
onça (f)	unce (ž)	[untsɛ]

metro (m)	metr (m)	[mɛtr]
milímetro (m)	milimetr (m)	[mɪlɪmɛtr]
centímetro (m)	centimetr (m)	[tsɛntɪmɛtr]
quilómetro (m)	kilometr (m)	[kɪlomɛtr]
milha (f)	míle (ž)	[miːlɛ]

polegada (f)	coul (m)	[tsoul]
pé (304,74 mm)	stopa (ž)	[stopa]
jarda (914,383 mm)	yard (m)	[jart]

metro (m) quadrado	čtvereční metr (m)	[tʃtvɛrɛtʃni: mɛtr]
hectare (m)	hektar (m)	[hɛktar]

litro (m)	litr (m)	[lɪtr]
grau (m)	stupeň (m)	[stupɛnʲ]
volt (m)	volt (m)	[volt]
ampere (m)	ampér (m)	[ampɛːr]
cavalo-vapor (m)	koňská síla (ž)	[konʲska: siːla]

quantidade (f)	množství (s)	[mnoʒstviː]
um pouco de ...	trochu ...	[troxu]
metade (f)	polovina (ž)	[polovɪna]
dúzia (f)	tucet (m)	[tutsɛt]
peça (f)	kus (m)	[kus]

dimensão (f)	rozmŏr (m)	[rɔzmner]
escala (f)	měřítko (s)	[mnerʒiːtko]

mínimo	minimální	[mɪnɪmaːlniː]
menor, mais pequeno	nejmenší	[nɛjmɛnʃi]
médio	střední	[strʃɛdniː]
máximo	maximální	[maksɪmaːlniː]
maior, mais grande	největší	[nɛjvetʃiː]

23. Recipientes

boião (m) de vidro	sklenice (ž)	[sklɛnɪtsɛ]
lata (~ de cerveja)	plechovka (ž)	[plɛxofka]
balde (m)	vědro (s)	[vedro]
barril (m)	sud (m)	[sut]

bacia (~ de plástico)	mísa (ž)	[miːsa]
tanque (m)	nádrž (ž)	[naːdrʃ]
cantil (m) de bolso	plochá láhev (ž)	[ploxa: laːgɛf]
bidão (m) de gasolina	kanystr (m)	[kanɪstr]
cisterna (f)	cisterna (ž)	[tsɪstɛrna]

caneca (f)	hrníček (m)	[hrniːtʃɛk]
chávena (f)	šálek (m)	[ʃaːlɛk]

pires (m)	talířek (m)	[tali:rʒɛk]
copo (m)	sklenice (ž)	[sklɛnɪtsɛ]
taça (f) de vinho	sklenka (ž)	[sklɛŋka]
panela, caçarola (f)	hrnec (m)	[hrnɛts]
garrafa (f)	láhev (ž)	[la:hɛf]
gargalo (m)	hrdlo (s)	[hrdlo]
jarro, garrafa (f)	karafa (ž)	[karafa]
jarro (m) de barro	džbán (m)	[dʒba:n]
recipiente (m)	nádoba (ž)	[na:doba]
pote (m)	hrnec (m)	[hrnɛts]
vaso (m)	váza (ž)	[va:za]
frasco (~ de perfume)	flakón (m)	[flako:n]
frasquinho (ex. ~ de iodo)	lahvička (ž)	[lahvɪtʃka]
tubo (~ de pasta dentífrica)	tuba (ž)	[tuba]
saca (ex. ~ de açúcar)	pytel (m)	[pɪtɛl]
saco (~ de plástico)	sáček (m)	[sa:tʃɛk]
maço (m)	balíček (m)	[bali:tʃɛk]
caixa (~ de sapatos, etc.)	krabice (ž)	[krabɪtsɛ]
caixa (~ de madeira)	schránka (ž)	[sxra:ŋka]
cesta (f)	koš (m)	[koʃ]

24. Materiais

material (m)	materiál (m)	[matɛrɪa:l]
madeira (f)	dřevo (s)	[drʒɛvo]
de madeira	dřevěný	[drʒɛveni:]
vidro (m)	sklo (s)	[sklo]
de vidro	skleněný	[sklɛneni:]
pedra (f)	kámen (m)	[ka:mɛn]
de pedra	kamenný	[kamɛnni:]
plástico (m)	plast (m)	[plast]
de plástico	plastový	[plastovi:]
borracha (f)	guma (ž)	[guma]
de borracha	gumový	[gumovi:]
tecido, pano (m)	látka (ž)	[la:tka]
de tecido	z látky	[z la:tkɪ]
papel (m)	papír (m)	[papi:r]
de papel	papírový	[papi:rovi:]
cartão (m)	kartón (m)	[karto:n]
de cartão	kartónový	[karto:novi:]
polietileno (m)	polyetylén (m)	[poliɛtɪlɛ:n]
celofane (m)	celofán (m)	[tsɛlofa:n]

contraplacado (m)	dýha (ž)	[di:ha]
porcelana (f)	porcelán (m)	[portsɛla:n]
de porcelana	porcelánový	[portsɛla:novi:]
barro (f)	hlína (ž)	[hli:na]
de barro	hliněný	[hlɪneni:]
cerâmica (f)	keramika (ž)	[kɛramɪka]
de cerâmica	keramický	[kɛramɪtski:]

25. Metais

metal (m)	kov (m)	[kof]
metálico	kovový	[kovovi:]
liga (f)	slitina (ž)	[slɪtɪna]
ouro (m)	zlato (s)	[zlato]
de ouro	zlatý	[zlati:]
prata (f)	stříbro (s)	[strʃi:bro]
de prata	stříbrný	[strʃi:brni:]
ferro (m)	železo (s)	[ʒelɛzo]
de ferro	železný	[ʒelɛzni:]
aço (m)	ocel (ž)	[otsɛl]
de aço	ocelový	[otsɛlovi:]
cobre (m)	měď (ž)	[mnetj]
de cobre	měděný	[mnedeni:]
alumínio (m)	hliník (m)	[hlɪni:k]
de alumínio	hliníkový	[hlɪni:kovi:]
bronze (m)	bronz (m)	[bronz]
de bronze	bronzový	[bronzovi:]
latão (m)	mosaz (ž)	[mosaz]
níquel (m)	nikl (m)	[nɪkl]
platina (f)	platina (ž)	[platɪna]
mercúrio (m)	rtuť (ž)	[rtutj]
estanho (m)	cín (m)	[tsi:n]
chumbo (m)	olovo (s)	[olovo]
zinco (m)	zinek (m)	[zɪnɛk]

O SER HUMANO

O ser humano. O corpo

26. Humanos. Conceitos básicos

ser (m) humano	člověk (m)	[tʃlovek]
homem (m)	muž (m)	[muʃ]
mulher (f)	žena (ž)	[ʒena]
criança (f)	dítě (s)	[di:te]
menina (f)	děvče (s)	[devtʃɛ]
menino (m)	chlapec (m)	[xlapɛts]
adolescente (m)	výrostek (m)	[vi:rostɛk]
velho (m)	stařec (m)	[starʒɛts]
velha, anciã (f)	stařena (ž)	[starʒɛna]

27. Anatomia humana

organismo (m)	organismus (m)	[organɪzmus]
coração (m)	srdce (s)	[srdtsɛ]
sangue (m)	krev (ž)	[krɛf]
artéria (f)	tepna (ž)	[tɛpna]
veia (f)	žíla (ž)	[ʒi:la]
cérebro (m)	mozek (m)	[mozɛk]
nervo (m)	nerv (m)	[nɛrf]
nervos (m pl)	nervy (m mn)	[nɛrvɪ]
vértebra (f)	obratel (m)	[obratɛl]
coluna (f) vertebral	páteř (ž)	[pa:tɛrʃ]
estômago (m)	žaludek (m)	[ʒaludɛk]
intestinos (m pl)	střeva (s mn)	[strʃɛva]
intestino (m)	střevo (s)	[strʃɛvo]
fígado (m)	játra (s mn)	[ja:tra]
rim (m)	ledvina (ž)	[lɛdvɪna]
osso (m)	kost (ž)	[kost]
esqueleto (m)	kostra (ž)	[kostra]
costela (f)	žebro (s)	[ʒebro]
crânio (m)	lebka (ž)	[lɛpka]
músculo (m)	sval (m)	[sval]
bíceps (m)	biceps (m)	[bɪtsɛps]
tríceps (m)	triceps (m)	[trɪtsɛps]
tendão (m)	šlacha (ž)	[ʃlaxa]
articulação (f)	kloub (m)	[kloup]

pulmões (m pl)	plíce (ž mn)	[pli:ʦɛ]
órgãos (m pl) genitais	pohlavní orgány (m mn)	[pohlavni: orga:nɪ]
pele (f)	pleť (ž)	[plɛtʲ]

28. Cabeça

cabeça (f)	hlava (ž)	[hlava]
cara (f)	obličej (ž)	[oblɪʧɛj]
nariz (m)	nos (m)	[nos]
boca (f)	ústa (s mn)	[u:sta]

olho (m)	oko (s)	[oko]
olhos (m pl)	oči (s mn)	[oʧɪ]
pupila (f)	zornice (ž)	[zornɪʦɛ]
sobrancelha (f)	obočí (s)	[oboʧi:]
pestana (f)	řasa (ž)	[rʒasa]
pálpebra (f)	víčko (s)	[vi:ʧko]

língua (f)	jazyk (m)	[jazɪk]
dente (m)	zub (m)	[zup]
lábios (m pl)	rty (m mn)	[rtɪ]
maçãs (f pl) do rosto	lícní kosti (ž mn)	[li:ʦni: kostɪ]
gengiva (f)	dáseň (ž)	[da:sɛnʲ]
palato (m)	patro (s)	[patro]

narinas (f pl)	chřípí (s)	[xrʃi:pi:]
queixo (m)	brada (ž)	[brada]
mandíbula (f)	čelist (ž)	[ʧɛlɪst]
bochecha (f)	tvář (ž)	[tva:rʃ]

testa (f)	čelo (s)	[ʧɛlo]
têmpora (f)	spánek (s)	[spa:nɛk]
orelha (f)	ucho (s)	[uxo]
nuca (f)	týl (m)	[ti:l]
pescoço (m)	krk (m)	[krk]
garganta (f)	hrdlo (s)	[hrdlo]

cabelos (m pl)	vlasy (m mn)	[vlasɪ]
penteado (m)	účes (m)	[u:ʧɛs]
corte (m) de cabelo	střih (m)	[strʃɪx]
peruca (f)	paruka (ž)	[paruka]

bigode (m)	vousy (m mn)	[vousɪ]
barba (f)	plnovous (m)	[plnovous]
usar, ter (~ barba, etc.)	nosit	[nosɪt]
trança (f)	cop (m)	[ʦop]
suíças (f pl)	licousy (m mn)	[lɪʦousɪ]

ruivo	zrzavý	[zrzavi:]
grisalho	šedivý	[ʃɛdɪvi:]
calvo	lysý	[lɪsi:]
calva (f)	lysina (ž)	[lɪsɪna]
rabo-de-cavalo (m)	ocas (m)	[oʦas]
franja (f)	ofina (ž)	[ofɪna]

35

29. Corpo humano

mão (f)	ruka (ž)	[ruka]
braço (m)	ruka (ž)	[ruka]
dedo (m)	prst (m)	[prst]
polegar (m)	palec (m)	[palɛts]
dedo (m) mindinho	malíček (m)	[maliːtʃɛk]
unha (f)	nehet (m)	[nɛhɛt]
punho (m)	pěst (ž)	[pest]
palma (f) da mão	dlaň (ž)	[dlanʲ]
pulso (m)	zápěstí (s)	[zaːpɛsti:]
antebraço (m)	předloktí (s)	[prʃɛdlokti:]
cotovelo (m)	loket (m)	[lokɛt]
ombro (m)	rameno (s)	[ramɛno]
perna (f)	noha (ž)	[noha]
pé (m)	chodidlo (s)	[xodɪdlo]
joelho (m)	koleno (s)	[kolɛno]
barriga (f) da perna	lýtko (s)	[liːtko]
anca (f)	stehno (s)	[stɛhɲo]
calcanhar (m)	pata (ž)	[pata]
corpo (m)	tělo (s)	[telo]
barriga (f)	břicho (s)	[brʒɪxo]
peito (m)	prsa (s mn)	[prsa]
seio (m)	prs (m)	[prs]
lado (m)	bok (m)	[bok]
costas (f pl)	záda (s mn)	[zaːda]
região (f) lombar	kříž (m)	[krʃiːʃ]
cintura (f)	pás (m)	[paːs]
umbigo (m)	pupek (m)	[pupɛk]
nádegas (f pl)	hýždě (ž mn)	[hiːʒde]
traseiro (m)	zadek (m)	[zadɛk]
sinal (m)	mateřské znaménko (s)	[matɛrʃkɛː znamɛːŋko]
tatuagem (f)	tetování (s)	[tɛtovaːni:]
cicatriz (f)	jizva (ž)	[jɪzva]

Vestuário & Acessórios

30. Roupa exterior. Casacos

roupa (f)	oblečení (s)	[oblɛtʃɛni:]
roupa (f) exterior	svrchní oděv (m)	[svrxni: odɛf]
roupa (f) de inverno	zimní oděv (m)	[zɪmni: odɛf]
sobretudo (m)	kabát (m)	[kaba:t]
casaco (m) de peles	kožich (m)	[koʒɪx]
casaco curto (m) de peles	krátký kožich (m)	[kra:tki: koʒɪx]
casaco (m) acolchoado	peřová bunda (ž)	[pɛrʒova: bunda]
casaco, blusão (m)	bunda (ž)	[bunda]
impermeável (m)	plášť (m)	[pla:ʃtʲ]
impermeável	nepromokavý	[nɛpromokavi:]

31. Vestuário de homem & mulher

camisa (f)	košile (ž)	[koʃɪlɛ]
calças (f pl)	kalhoty (ž mn)	[kalhotɪ]
calças (f pl) de ganga	džínsy (m mn)	[dʒi:nsɪ]
casaco (m) de fato	sako (s)	[sako]
fato (m)	pánský oblek (m)	[pa:nski: oblɛk]
vestido (ex. ~ vermelho)	šaty (m mn)	[ʃatɪ]
saia (f)	sukně (ž)	[suknɛ]
blusa (f)	blůzka (ž)	[blu:ska]
casaco (m) de malha	svetr (m)	[svɛtr]
casaco, blazer (m)	žaket (m)	[ʒakɛt]
T-shirt, camiseta (f)	tričko (s)	[trɪtʃko]
calções (Bermudas, etc.)	šortky (ž mn)	[ʃortkɪ]
fato (m) de treino	tepláková souprava (ž)	[tɛpla:kova: souprava]
roupão (m) de banho	župan (m)	[ʒupan]
pijama (m)	pyžamo (s)	[pɪʒamo]
suéter (m)	svetr (m)	[svɛtr]
pulôver (m)	pulovr (m)	[pulovr]
colete (m)	vesta (ž)	[vɛsta]
fraque (m)	frak (m)	[frak]
smoking (m)	smoking (m)	[smokɪŋk]
uniforme (m)	uniforma (ž)	[unɪforma]
roupa (f) de trabalho	pracovní oděv (m)	[pratsovni: odɛf]
fato-macaco (m)	kombinéza (ž)	[kombɪnɛ:za]
bata (~ branca, etc.)	plášť (m)	[pla:ʃtʲ]

32. Vestuário. Roupa interior

roupa (f) interior	spodní prádlo (s)	[spodni: pra:dlo]
camisola (f) interior	tílko (s)	[tilko]
peúgas (f pl)	ponožky (ž mn)	[ponoʃkɪ]

camisa (f) de noite	noční košile (ž)	[notʃni: koʃɪlɛ]
sutiã (m)	podprsenka (ž)	[potprsɛŋka]
meias longas (f pl)	podkolenky (ž mn)	[potkolɛŋkɪ]
meia-calça (f)	punčochové kalhoty (ž mn)	[puntʃoxovɛ: kalgotɪ]
meias (f pl)	punčochy (ž mn)	[puntʃoxɪ]
fato (m) de banho	plavky (ž mn)	[plafkɪ]

33. Adereços de cabeça

chapéu (m)	čepice (ž)	[tʃɛpɪtsɛ]
chapéu (m) de feltro	klobouk (m)	[klobouk]
boné (m) de beisebol	kšiltovka (ž)	[kʃɪltofka]
boné (m)	čepice (ž)	[tʃɛpɪtsɛ]

boina (f)	baret (m)	[barɛt]
capuz (m)	kapuce (ž)	[kaputsɛ]
panamá (m)	panamský klobouk (m)	[panamski: klobouk]
gorro (m) de malha	pletená čepice (ž)	[plɛtɛna: tʃɛpɪtsɛ]

lenço (m)	šátek (m)	[ʃa:tɛk]
chapéu (m) de mulher	klobouček (m)	[kloboutʃɛk]

capacete (m) de proteção	přilba (ž)	[prʃɪlba]
bibico (m)	lodička (ž)	[lodɪtʃka]
capacete (m)	helma (ž)	[hɛlma]

chapéu-coco (m)	tvrďák (m)	[tvrdʲa:k]
chapéu (m) alto	válec (m)	[va:lɛts]

34. Calçado

calçado (m)	obuv (ž)	[obuʃ]
botinas (f pl)	boty (ž mn)	[botɪ]
sapatos (de salto alto, etc.)	střevíce (m mn)	[strʃɛvi:tsɛ]
botas (f pl)	holínky (ž mn)	[holi:ŋkɪ]
pantufas (f pl)	bačkory (ž mn)	[batʃkorɪ]

ténis (m pl)	tenisky (ž mn)	[tɛnɪskɪ]
sapatilhas (f pl)	kecky (ž mn)	[kɛtskɪ]
sandálias (f pl)	sandály (m mn)	[sanda:lɪ]

sapateiro (m)	obuvník (m)	[obuvni:k]
salto (m)	podpatek (m)	[potpatɛk]
par (m)	pár (m)	[pa:r]
atacador (m)	tkanička (ž)	[tkanɪtʃka]

apertar os atacadores	šněrovat	[ʃnerovat]
calçadeira (f)	lžíce (ž) na boty	[lʒi:tsɛ na botɪ]
graxa (f) para calçado	krém (m) na boty	[krɛ:m na botɪ]

35. Têxtil. Tecidos

algodão (m)	bavlna (ž)	[bavlna]
de algodão	bavlněný	[bavlneni:]
linho (m)	len (m)	[lɛn]
de linho	lněný	[lneni:]

seda (f)	hedvábí (s)	[hɛdva:bi:]
de seda	hedvábný	[hɛdva:bni:]
lã (f)	vlna (ž)	[vlna]
de lã	vlněný	[vlneni:]

veludo (m)	samet (m)	[samɛt]
camurça (f)	semiš (m)	[sɛmɪʃ]
bombazina (f)	manšestr (m)	[manʃɛstr]

náilon (m)	nylon (m)	[nɪlon]
de náilon	nylonový	[nɪlonovi:]
poliéster (m)	polyester (m)	[poliɛstɛr]
de poliéster	polyesterový	[poliɛstɛrovi:]

couro (m)	kůže (ž)	[ku:ʒe]
de couro	z kůže, kožený	[z ku:ʒe], [koʒeni:]
pele (f)	kožešina (ž)	[koʒeʃɪna]
de peles, de pele	kožešinový	[koʒeʃɪnovi:]

36. Acessórios pessoais

luvas (f pl)	rukavice (ž mn)	[rukavɪtsɛ]
mitenes (f pl)	palčáky (m mn)	[paltʃa:kɪ]
cachecol (m)	šála (ž)	[ʃa:la]

óculos (m pl)	brýle (ž mn)	[bri:lɛ]
armação (f) de óculos	obroučky (m mn)	[obroutʃkɪ]
guarda-chuva (m)	deštník (m)	[dɛʃtni:k]
bengala (f)	hůl (ž)	[hu:l]
escova (f) para o cabelo	kartáč (m) na vlasy	[karta:tʃ na vlasɪ]
leque (m)	vějíř (m)	[veji:rʃ]

gravata (f)	kravata (ž)	[kravata]
gravata-borboleta (f)	motýlek (m)	[moti:lɛk]
suspensórios (m pl)	šle (ž mn)	[ʃlɛ]
lenço (m)	kapesník (m)	[kapesni:k]

pente (m)	hřeben (m)	[hrʒɛbɛn]
travessão (m)	sponka (ž)	[sponka]
gancho (m) de cabelo	vlásnička (ž)	[vla:snɪtʃka]
fivela (f)	spona (ž)	[spona]

| cinto (m) | pás (m) | [pa:s] |
| correia (f) | řemen (m) | [rʒɛmɛn] |

mala (f)	taška (ž)	[taʃka]
mala (f) de senhora	kabelka (ž)	[kabɛlka]
mochila (f)	batoh (m)	[batox]

37. Vestuário. Diversos

moda (f)	móda (ž)	[mo:da]
na moda	módní	[mo:dni:]
estilista (m)	modelář (m)	[modɛla:rʃ]

colarinho (m), gola (f)	límec (m)	[li:mɛts]
bolso (m)	kapsa (ž)	[kapsa]
de bolso	kapesní	[kapɛsni:]
manga (f)	rukáv (m)	[ruka:f]
alcinha (f)	poutko (s)	[poutko]
braguilha (f)	poklopec (m)	[poklopɛts]

fecho (m) de correr	zip (m)	[zɪp]
fecho (m), colchete (m)	spona (ž)	[spona]
botão (m)	knoflík (m)	[knofli:k]
casa (f) de botão	knoflíková dírka (ž)	[knofli:kova: di:rka]
soltar-se (vr)	utrhnout se	[utrhnout sɛ]

coser, costurar (vi)	šít	[ʃi:t]
bordar (vt)	vyšívat	[vɪʃi:vat]
bordado (m)	výšivka (ž)	[vi:ʃɪfka]
agulha (f)	jehla (ž)	[jɛhla]
fio (m)	nit (ž)	[nɪt]
costura (f)	šev (m)	[ʃɛf]

sujar-se (vr)	ušpinit se	[uʃpɪnɪt sɛ]
mancha (f)	skvrna (ž)	[skvrna]
engelhar-se (vr)	pomačkat se	[pomatʃkat sɛ]
rasgar (vt)	roztrhat	[roztrhat]
traça (f)	mol (m)	[mol]

38. Cuidados pessoais. Cosméticos

pasta (f) de dentes	zubní pasta (ž)	[zubni: pasta]
escova (f) de dentes	kartáček (m) na zuby	[karta:tʃɛk na zubɪ]
escovar os dentes	čistit si zuby	[tʃɪstɪt sɪ zubɪ]

máquina (f) de barbear	holicí strojek (m)	[holɪtsi: strojɛk]
creme (m) de barbear	krém (m) na holení	[krɛ:m na holɛni:]
barbear-se (vr)	holit se	[holɪt sɛ]

sabonete (m)	mýdlo (s)	[mi:dlo]
champô (m)	šampon (m)	[ʃampon]
tesoura (f)	nůžky (ž mn)	[nu:ʃkɪ]

lima (f) de unhas	pilník (m) na nehty	[pɪlni:k na nɛxtɪ]
corta-unhas (m)	kleštičky (ž mn) na nehty	[klɛʃtɪʧkɪ na nɛxtɪ]
pinça (f)	pinzeta (ž)	[pɪnzeta]

cosméticos (m pl)	kosmetika (ž)	[kosmɛtɪka]
máscara (f) facial	kosmetická maska (ž)	[kosmɛtɪʦka: maska]
manicura (f)	manikúra (ž)	[manɪku:ra]
fazer a manicura	dělat manikúru	[delat manɪku:ru]
pedicure (f)	pedikúra (ž)	[pɛdɪku:ra]

mala (f) de maquilhagem	kosmetická kabelka (ž)	[kosmɛtɪʦka: kabɛlka]
pó (m)	pudr (m)	[pudr]
caixa (f) de pó	pudřenka (ž)	[pudrʒɛŋka]
blush (m)	červené líčidlo (s)	[ʧɛrvɛnɛ: li:ʧɪdlo]

perfume (m)	voňavka (ž)	[vonʲafka]
água (f) de toilette	toaletní voda (ž)	[toalɛtni: voda]
loção (f)	pleťová voda (ž)	[plɛtʲova: voda]
água-de-colónia (f)	kolínská voda (ž)	[koli:nska: voda]

sombra (f) de olhos	oční stíny (m mn)	[oʧni: sti:nɪ]
lápis (m) delineador	tužka (ž) na oči	[tuʃka na oʧɪ]
máscara (f), rímel (m)	řasenka (ž)	[rʒasɛŋka]

batom (m)	rtěnka (ž)	[rteŋka]
verniz (m) de unhas	lak (m) na nehty	[lak na nɛxtɪ]
laca (f) para cabelos	lak (m) na vlasy	[lak na vlasɪ]
desodorizante (m)	deodorant (m)	[dɛodorant]

creme (m)	krém (m)	[krɛ:m]
creme (m) de rosto	pleťový krém (m)	[plɛtʲovi: krɛ:m]
creme (m) de mãos	krém (m) na ruce	[krɛ:m na ruʦɛ]
creme (m) antirrugas	krém (m) proti vráskám	[krɛ:m protɪ vra:ska:m]
de dia	denní	[dɛnni:]
da noite	noční	[noʧni:]

tampão (m)	tampón (m)	[tampo:n]
papel (m) higiénico	toaletní papír (m)	[toalɛtni: papi:r]
secador (m) elétrico	fén (m)	[fɛ:n]

39. Joalheria

joias (f pl)	šperk (m)	[ʃpɛrk]
precioso	drahý	[drahi:]
marca (f) de contraste	punc (m)	[punʦ]

anel (m)	prsten (m)	[prstɛn]
aliança (f)	snubní prsten (m)	[snubni: prstɛn]
pulseira (f)	náramek (m)	[na:ramɛk]

brincos (m pl)	náušnice (ž mn)	[na:uʃnɪʦɛ]
colar (m)	náhrdelník (m)	[na:hrdɛlni:k]
coroa (f)	koruna (ž)	[koruna]
colar (m) de contas	korály (m mn)	[kora.lɪ]

diamante (m)	diamant (m)	[dɪamant]
esmeralda (f)	smaragd (m)	[smarakt]
rubi (m)	rubín (m)	[rubi:n]
safira (f)	safír (m)	[safi:r]
pérola (f)	perly (ž mn)	[pɛrlɪ]
âmbar (m)	jantar (m)	[jantar]

40. Relógios de pulso. Relógios

relógio (m) de pulso	hodinky (ž mn)	[hodɪŋkɪ]
mostrador (m)	ciferník (m)	[ʦɪfɛrni:k]
ponteiro (m)	ručička (ž)	[rutʃɪʧka]
bracelete (f) em aço	náramek (m)	[na:ramɛk]
bracelete (f) em couro	pásek (m)	[pa:sɛk]

pilha (f)	baterka (ž)	[batɛrka]
descarregar-se	vybít se	[vɪbi:t sɛ]
trocar a pilha	vyměnit baterku	[vɪmnenɪt batɛrku]
estar adiantado	jít napřed	[ji:t naprʃet]
estar atrasado	opožďovat se	[opoʒdʲovat sɛ]

relógio (m) de parede	nástěnné hodiny (ž mn)	[na:stennɛ: hodɪnɪ]
ampulheta (f)	přesýpací hodiny (ž mn)	[prʃɛsi:paʦi: hodɪnɪ]
relógio (m) de sol	sluneční hodiny (ž mn)	[slunɛʧni: hodɪnɪ]
despertador (m)	budík (m)	[budi:k]
relojoeiro (m)	hodinář (m)	[hodɪna:rʃ]
reparar (vt)	opravovat	[opravovat]

Alimentação. Nutrição

41. Comida

carne (f)	maso (s)	[maso]
galinha (f)	slepice (ž)	[slɛpɪtsɛ]
frango (m)	kuře (s)	[kurʒɛ]
pato (m)	kachna (ž)	[kaxna]
ganso (m)	husa (ž)	[husa]
caça (f)	zvěřina (ž)	[zverʒɪna]
peru (m)	krůta (ž)	[kru:ta]

carne (f) de porco	vepřové (s)	[vɛprʃovɛ:]
carne (f) de vitela	telecí (s)	[tɛlɛtsi:]
carne (f) de carneiro	skopové (s)	[skopovɛ:]
carne (f) de vaca	hovězí (s)	[hovezi:]
carne (f) de coelho	králík (m)	[kra:li:k]

chouriço, salsichão (m)	salám (m)	[sala:m]
salsicha (f)	párek (m)	[pa:rɛk]
bacon (m)	slanina (ž)	[slanɪna]
fiambre (f)	šunka (ž)	[ʃuŋka]
presunto (m)	kýta (ž)	[ki:ta]

patê (m)	paštika (ž)	[paʃtɪka]
fígado (m)	játra (s mn)	[ja:tra]
carne (f) moída	mleté maso (s)	[mlɛtɛ: maso]
língua (f)	jazyk (m)	[jazɪk]

ovo (m)	vejce (s)	[vɛjtsɛ]
ovos (m pl)	vejce (s mn)	[vɛjtsɛ]
clara (f) do ovo	bílek (m)	[bi:lɛk]
gema (f) do ovo	žloutek (m)	[ʒloutɛk]

peixe (m)	ryby (ž mn)	[rɪbɪ]
mariscos (m pl)	mořské plody (m mn)	[morʃskɛ: plodɪ]
caviar (m)	kaviár (m)	[kavɪa:r]

caranguejo (m)	krab (m)	[krap]
camarão (m)	kreveta (ž)	[krɛvɛta]
ostra (f)	ústřice (ž)	[u:strʃɪtsɛ]
lagosta (f)	langusta (ž)	[langusta]
polvo (m)	chobotnice (ž)	[xobotnɪtsɛ]
lula (f)	sépie (ž)	[sɛ:pɪe]

esturjão (m)	jeseter (m)	[jɛsɛtɛr]
salmão (m)	losos (m)	[losos]
halibute (m)	platýs (m)	[plati:s]
bacalhau (m)	treska (ž)	[trɛska]
cavala, sarda (f)	makrela (ž)	[makrɛla]

atum (m)	tuňák (m)	[tunʲaːk]
enguia (f)	úhoř (m)	[uːhorʃ]
truta (f)	pstruh (m)	[pstrux]
sardinha (f)	sardinka (ž)	[sardɪŋka]
lúcio (m)	štika (ž)	[ʃtɪka]
arenque (m)	sleď (ž)	[slɛtʲ]
pão (m)	chléb (m)	[xlɛːp]
queijo (m)	sýr (m)	[siːr]
açúcar (m)	cukr (m)	[ʦukr]
sal (m)	sůl (ž)	[suːl]
arroz (m)	rýže (ž)	[riːʒe]
massas (f pl)	makaróny (m mn)	[makaroːnɪ]
talharim (m)	nudle (ž mn)	[nudlɛ]
manteiga (f)	máslo (s)	[maːslo]
óleo (m) vegetal	olej (m)	[olɛj]
óleo (m) de girassol	slunečnicový olej (m)	[slunɛtʃnɪtsovi: olɛj]
margarina (f)	margarín (m)	[margariːn]
azeitonas (f pl)	olivy (ž)	[olɪvɪ]
azeite (m)	olivový olej (m)	[olɪvovi: olɛj]
leite (m)	mléko (s)	[mlɛːko]
leite (m) condensado	kondenzované mléko (s)	[kondɛnzovanɛ: mlɛːko]
iogurte (m)	jogurt (m)	[jogurt]
nata (f) azeda	kyselá smetana (ž)	[kɪsɛla: smɛtana]
nata (f) do leite	sladká smetana (ž)	[slatka: smɛtana]
maionese (f)	majonéza (ž)	[majonɛːza]
creme (m)	krém (m)	[krɛːm]
grãos (m pl) de cereais	kroupy (ž mn)	[kroupɪ]
farinha (f)	mouka (ž)	[mouka]
enlatados (m pl)	konzerva (ž)	[konzɛrva]
flocos (m pl) de milho	kukuřičné vločky (ž mn)	[kukurʒɪtʃnɛ: vlotʃkɪ]
mel (m)	med (m)	[mɛt]
doce (m)	džem (m)	[dʒem]
pastilha (f) elástica	žvýkačka (ž)	[ʒviːkatʃka]

42. Bebidas

água (f)	voda (ž)	[voda]
água (f) potável	pitná voda (ž)	[pɪtna: voda]
água (f) mineral	minerální voda (ž)	[mɪnɛra:lni: voda]
sem gás	neperlivý	[nɛpɛrlɪvi:]
gaseificada	perlivý	[pɛrlɪvi:]
com gás	perlivý	[pɛrlɪvi:]
gelo (m)	led (m)	[lɛt]
com gelo	s ledem	[s lɛdɛm]

sem álcool	nealkoholický	[nɛalkoholɪtski:]
bebida (f) sem álcool	nealkoholický nápoj (m)	[nɛalkoholɪtski: na:poj]
refresco (m)	osvěžující nápoj (m)	[osveʒuji:tsi: na:poj]
limonada (f)	limonáda (ž)	[lɪmona:da]

bebidas (f pl) alcoólicas	alkoholické nápoje (m mn)	[alkoholɪtskɛ: na:pojɛ]
vinho (m)	víno (s)	[vi:no]
vinho (m) branco	bílé víno (s)	[bi:lɛ: vi:no]
vinho (m) tinto	červené víno (s)	[tʃɛrvɛnɛ: vi:no]

licor (m)	likér (m)	[lɪkɛ:r]
champanhe (m)	šampaňské (s)	[ʃampaniskɛ:]
vermute (m)	vermut (m)	[vɛrmut]

uísque (m)	whisky (ž)	[vɪskɪ]
vodka (f)	vodka (ž)	[votka]
gim (m)	džin (m)	[dʒɪn]
conhaque (m)	koňak (m)	[koniak]
rum (m)	rum (m)	[rum]

café (m)	káva (ž)	[ka:va]
café (m) puro	černá káva (ž)	[tʃɛrna: ka:va]
café (m) com leite	bílá káva (ž)	[bi:la: ka:va]
cappuccino (m)	kapučíno (s)	[kaputʃi:no]
café (m) solúvel	rozpustná káva (ž)	[rozpustna: ka:va]

leite (m)	mléko (s)	[mlɛ:ko]
coquetel (m)	koktail (m)	[koktajl]
batido (m) de leite	mléčný koktail (m)	[mlɛtʃni: koktajl]

sumo (m)	šťáva (ž), džus (m)	[ʃtia:va], [dʒus]
sumo (m) de tomate	rajčatová šťáva (ž)	[rajtʃatova: ʃtia:va]
sumo (m) de laranja	pomerančový džus (m)	[pomɛrantʃovi: dʒus]
sumo (m) fresco	vymačkaná šťáva (ž)	[vɪmatʃkana: ʃtia:va]

cerveja (f)	pivo (s)	[pɪvo]
cerveja (f) clara	světlé pivo (s)	[svetlɛ: pɪvo]
cerveja (f) preta	tmavé pivo (s)	[tmavɛ: pɪvo]

chá (m)	čaj (m)	[tʃaj]
chá (m) preto	černý čaj (m)	[tʃɛrni: tʃaj]
chá (m) verde	zelený čaj (m)	[zɛlɛni: tʃaj]

43. Vegetais

legumes (m pl)	zelenina (ž)	[zɛlɛnɪna]
verduras (f pl)	zelenina (ž)	[zɛlɛnɪna]

tomate (m)	rajské jablíčko (s)	[rajskɛ: jabli:tʃko]
pepino (m)	okurka (ž)	[okurka]
cenoura (f)	mrkev (ž)	[mrkɛf]
batata (f)	brambory (ž mn)	[bramborɪ]
cebola (f)	cibule (ž)	[tsɪbulɛ]
alho (m)	česnek (m)	[tʃɛsnɛk]

couve (f)	zelí (s)	[zɛli:]
couve-flor (f)	květák (m)	[kveta:k]
couve-de-bruxelas (f)	růžičková kapusta (ž)	[ru:ʒɪtʃkova: kapusta]
brócolos (m pl)	brokolice (ž)	[brokolɪtsɛ]

beterraba (f)	červená řepa (ž)	[tʃɛrvena: rʒɛpa]
beringela (f)	lilek (m)	[lɪlɛk]
curgete (f)	cukina, cuketa (ž)	[tsukɪna], [tsuketa]
abóbora (f)	tykev (ž)	[tɪkɛf]
nabo (m)	vodní řepa (ž)	[vodni: rʒɛpa]

salsa (f)	petržel (ž)	[pɛtrʒel]
funcho, endro (m)	kopr (m)	[kopr]
alface (f)	salát (m)	[sala:t]
aipo (m)	celer (m)	[tsɛlɛr]
espargo (m)	chřest (m)	[xrʃɛst]
espinafre (m)	špenát (m)	[ʃpɛna:t]

ervilha (f)	hrách (m)	[hra:x]
fava (f)	boby (m mn)	[bobɪ]
milho (m)	kukuřice (ž)	[kukurʒɪtsɛ]
feijão (m)	fazole (ž)	[fazolɛ]

pimentão (m)	pepř (m)	[pɛprʃ]
rabanete (m)	ředkvička (ž)	[rʒɛtkvɪtʃka]
alcachofra (f)	artyčok (m)	[artɪtʃok]

44. Frutos. Nozes

fruta (f)	ovoce (s)	[ovotsɛ]
maçã (f)	jablko (s)	[jablko]
pera (f)	hruška (ž)	[hruʃka]
limão (m)	citrón (m)	[tsɪtro:n]
laranja (f)	pomeranč (m)	[pomɛrantʃ]
morango (m)	zahradní jahody (ž mn)	[zahradni: jahodɪ]

tangerina (f)	mandarinka (ž)	[mandarɪŋka]
ameixa (f)	švestka (ž)	[ʃvɛstka]
pêssego (m)	broskev (ž)	[broskɛf]
damasco (m)	meruňka (ž)	[mɛrunʲka]
framboesa (f)	maliny (ž mn)	[malɪnɪ]
ananás (m)	ananas (m)	[ananas]

banana (f)	banán (m)	[bana:n]
melancia (f)	vodní meloun (m)	[vodni: mɛloun]
uva (f)	hroznové víno (s)	[hroznovɛ: vi:no]
ginja (f)	višně (ž)	[vɪʃne]
cereja (f)	třešně (ž)	[trʃɛʃne]
meloa (f)	cukrový meloun (m)	[tsukrovi: mɛloun]

toranja (f)	grapefruit (m)	[grɛjpfru:t]
abacate (m)	avokádo (s)	[avoka:do]
papaia (f)	papája (ž)	[papa:ja]
manga (f)	mango (s)	[mango]

romã (f)	granátové jablko (s)	[grana:tovɛ: jablko]
groselha (f) vermelha	červený rybíz (m)	[ʧɛrvɛni: rɪbi:z]
groselha (f) preta	černý rybíz (m)	[ʧɛrni: rɪbi:z]
groselha (f) espinhosa	angrešt (m)	[angrɛʃt]
mirtilo (m)	borůvky (ž mn)	[boru:fkɪ]
amora silvestre (f)	ostružiny (ž mn)	[ostruʒɪnɪ]

uvas (f pl) passas	hrozinky (ž mn)	[hrozɪŋkɪ]
figo (m)	fík (m)	[fi:k]
tâmara (f)	datle (ž)	[datlɛ]

amendoim (m)	burský oříšek (m)	[burski: orʒi:ʃɛk]
amêndoa (f)	mandle (ž)	[mandlɛ]
noz (f)	vlašský ořech (m)	[vlaʃski: orʒɛx]
avelã (f)	lískový ořech (m)	[li:skovi: orʒɛx]
coco (m)	kokos (m)	[kokos]
pistáchios (m pl)	pistácie (ž)	[pɪsta:ʦɪe]

45. Pão. Bolaria

pastelaria (f)	cukroví (s)	[ʦukrovi:]
pão (m)	chléb (m)	[xlɛ:p]
bolacha (f)	sušenky (ž mn)	[suʃɛŋkɪ]

chocolate (m)	čokoláda (ž)	[ʧokola:da]
de chocolate	čokoládový	[ʧokola:dovi:]
rebuçado (m)	bonbón (m)	[bonbo:n]
bolo (cupcake, etc.)	zákusek (m)	[za:kusɛk]
bolo (m) de aniversário	dort (m)	[dort]

tarte (~ de maçã)	koláč (m)	[kola:ʧ]
recheio (m)	nádivka (ž)	[na:dɪfka]

doce (m)	zavařenina (ž)	[zavarʒɛnɪna]
geleia (f) de frutas	marmeláda (ž)	[marmɛla:da]
waffle (m)	oplatky (mn)	[oplatkɪ]
gelado (m)	zmrzlina (ž)	[zmrzlɪna]

46. Pratos cozinhados

prato (m)	jídlo (s)	[ji:dlo]
cozinha (~ portuguesa)	kuchyně (ž)	[kuxɪne]
receita (f)	recept (m)	[rɛʦɛpt]
porção (f)	porce (ž)	[porʦɛ]

salada (f)	salát (m)	[sala:t]
sopa (f)	polévka (ž)	[polɛ:fka]

caldo (m)	vývar (m)	[vi:var]
sandes (f)	obložený chlebíček (m)	[obloʒeni: xlɛbi:ʧɛk]
ovos (m pl) estrelados	míchaná vejce (s mn)	[mi:xana: vɛjʦɛ]
hambúrguer (m)	hamburger (m)	[hamburɡɛr]

bife (m)	biftek (m)	[bɪftɛk]
conduto (m)	příloha (ž)	[prʃi:loha]
espaguete (m)	spagety (m mn)	[spagɛtɪ]
puré (m) de batata	bramborová kaše (ž)	[bramborova: kaʃɛ]
pizza (f)	pizza (ž)	[pɪtsa]
papa (f)	kaše (ž)	[kaʃɛ]
omelete (f)	omeleta (ž)	[omɛlɛta]

cozido em água	vařený	[varʒɛni:]
fumado	uzený	[uzɛni:]
frito	smažený	[smaʒeni:]
seco	sušený	[suʃɛni:]
congelado	zmražený	[zmraʒeni:]
em conserva	marinovaný	[marɪnovani:]

doce (açucarado)	sladký	[slatki:]
salgado	slaný	[slani:]
frio	studený	[studɛni:]
quente	teplý	[tɛpli:]
amargo	hořký	[horʃki:]
gostoso	chutný	[xutni:]

cozinhar (em água a ferver)	vařit	[varʒɪt]
fazer, preparar (vt)	vařit	[varʒɪt]
fritar (vt)	smažit	[smaʒɪt]
aquecer (vt)	ohřívat	[ohrʒi:vat]

salgar (vt)	solit	[solɪt]
apimentar (vt)	pepřit	[pɛprʃɪt]
ralar (vt)	strouhat	[strouhat]
casca (f)	slupka (ž)	[slupka]
descascar (vt)	loupat	[loupat]

47. Especiarias

sal (m)	sůl (ž)	[su:l]
salgado	slaný	[slani:]
salgar (vt)	solit	[solɪt]

pimenta (f) preta	černý pepř (m)	[ʧɛrni: pɛprʃ]
pimenta (f) vermelha	červená paprika (ž)	[ʧɛrvɛna: paprɪka]
mostarda (f)	hořčice (ž)	[horʃʧɪtsɛ]
raiz-forte (f)	křen (m)	[krʃɛn]

condimento (m)	ochucovadlo (s)	[oxutsovadlo]
especiaria (f)	koření (s)	[korʒɛni:]
molho (m)	omáčka (ž)	[oma:ʧka]
vinagre (m)	ocet (m)	[otsɛt]

anis (m)	anýz (m)	[ani:z]
manjericão (m)	bazalka (ž)	[bazalka]
cravo (m)	hřebíček (m)	[hrʒɛbi:ʧɛk]
gengibre (m)	zázvor (m)	[za:zvor]
coentro (m)	koriandr (m)	[korɪandr]

canela (f)	skořice (ž)	[skorʒɪtsɛ]
sésamo (m)	sezam (m)	[sɛzam]
folhas (f pl) de louro	bobkový list (m)	[bopkovi: lɪst]
páprica (f)	paprika (ž)	[paprɪka]
cominho (m)	kmín (m)	[kmi:n]
açafrão (m)	šafrán (m)	[ʃafra:n]

48. Refeições

| comida (f) | jídlo (s) | [ji:dlo] |
| comer (vt) | jíst | [ji:st] |

pequeno-almoço (m)	snídaně (ž)	[sni:danɛ]
tomar o pequeno-almoço	snídat	[sni:dat]
almoço (m)	oběd (m)	[obet]
almoçar (vi)	obědvat	[obedvat]
jantar (m)	večeře (ž)	[vɛtʃɛrʒɛ]
jantar (vi)	večeřet	[vɛtʃɛrʒɛt]

| apetite (m) | chuť (ž) k jídlu | [xutʲ k ji:dlu] |
| Bom apetite! | Dobrou chuť! | [dobrou xutʲ] |

abrir (~ uma lata, etc.)	otvírat	[otvi:rat]
derramar (vt)	rozlít	[rozli:t]
derramar-se (vr)	rozlít se	[rozli:t sɛ]
ferver (vi)	vřít	[vrʒi:t]
ferver (vt)	vařit	[varʒɪt]
fervido	svařený	[svarʒɛni:]
arrefecer (vt)	ochladit	[uxladɪl]
arrefecer-se (vr)	ochlazovat se	[oxlazovat sɛ]

| sabor, gosto (m) | chuť (ž) | [xutʲ] |
| gostinho (m) | příchuť (ž) | [prʃi:xutʲ] |

fazer dieta	držet dietu	[drʒet dɪetu]
dieta (f)	dieta (ž)	[dɪeta]
vitamina (f)	vitamín (m)	[vɪtami:n]
caloria (f)	kalorie (ž)	[kalorɪe]
vegetariano (m)	vegetarián (m)	[vɛgɛtarɪa:n]
vegetariano	vegetariánský	[vɛgɛtarɪa:nski:]

gorduras (f pl)	tuky (m)	[tukɪ]
proteínas (f pl)	bílkoviny (ž)	[bi:lkovɪnɪ]
carboidratos (m pl)	karbohydráty (mn)	[karbohɪdrati:]
fatia (~ de limão, etc.)	plátek (m)	[pla:tɛk]
pedaço (~ de bolo)	kousek (m)	[kousɛk]
migalha (f)	drobek (m)	[drobɛk]

49. Por a mesa

| colher (f) | lžíce (ž) | [ɮi:tsɛ] |
| faca (f) | nůž (m) | [nu:ʃ] |

garfo (m)	vidlička (ž)	[vɪdlɪtʃka]
chávena (f)	šálek (m)	[ʃaːlɛk]
prato (m)	talíř (m)	[taliːrʃ]
pires (m)	talířek (m)	[taliːrʒɛk]
guardanapo (m)	ubrousek (m)	[ubrousɛk]
palito (m)	párátko (s)	[paːraːtko]

50. Restaurante

restaurante (m)	restaurace (ž)	[rɛstauratsɛ]
café (m)	kavárna (ž)	[kavaːrna]
bar (m), cervejaria (f)	bar (m)	[bar]
salão (m) de chá	čajovna (ž)	[tʃajovna]
empregado (m) de mesa	číšník (m)	[tʃiːʃniːk]
empregada (f) de mesa	číšnice (ž)	[tʃiːʃnɪtsɛ]
barman (m)	barman (m)	[barman]
ementa (f)	jídelní lístek (m)	[jiːdɛlni: liːstɛk]
lista (f) de vinhos	nápojový lístek (m)	[naːpojovi: liːstɛk]
reservar uma mesa	rezervovat stůl	[rɛzɛrvovat stuːl]
prato (m)	jídlo (s)	[jiːdlo]
pedir (vt)	objednat si	[objɛdnat sɪ]
fazer o pedido	objednat si	[objɛdnat sɪ]
aperitivo (m)	aperitiv (m)	[apɛrɪtɪf]
entrada (f)	předkrm (m)	[prʃɛtkrm]
sobremesa (f)	desert (m)	[dɛsɛrt]
conta (f)	účet (m)	[uːtʃɛt]
pagar a conta	zaplatit účet	[zaplatɪt uːtʃɛt]
dar o troco	dát nazpátek	[daːt naspaːtɛk]
gorjeta (f)	spropitné (s)	[spropɪtnɛ:]

Família, parentes e amigos

51. Informação pessoal. Formulários

nome (m)	jméno (s)	[jmɛ:no]
apelido (m)	příjmení (s)	[prʃi:jmɛni:]
data (f) de nascimento	datum (s) narození	[datum narozɛni:]
local (m) de nascimento	místo (s) narození	[mi:sto narozɛni:]
nacionalidade (f)	národnost (ž)	[na:rodnost]
lugar (m) de residência	bydliště (s)	[bɪdlɪʃte]
país (m)	země (ž)	[zɛmnɛ]
profissão (f)	povolání (s)	[povola:ni:]
sexo (m)	pohlaví (s)	[pohlavi:]
estatura (f)	postava (ž)	[postava]
peso (m)	váha (ž)	[va:ha]

52. Membros da família. Parentes

mãe (f)	matka (ž)	[matka]
pai (m)	otec (m)	[otɛts]
filho (m)	syn (m)	[sɪn]
filha (f)	dcera (ž)	[dtsɛra]
filha (f) mais nova	nejmladší dcera (ž)	[nɛjmladʃi: dtsɛra]
filho (m) mais novo	nejmladší syn (m)	[nɛjmladʃi: sɪn]
filha (f) mais velha	nejstarší dcera (ž)	[nɛjstarʃi: dtsɛra]
filho (m) mais velho	nejstarší syn (m)	[nɛjstarʃi: sɪn]
irmão (m)	bratr (m)	[bratr]
irmã (f)	sestra (ž)	[sɛstra]
primo (m)	bratranec (m)	[bratranɛts]
prima (f)	sestřenice (ž)	[sɛstrʃɛnɪtsɛ]
mamã (f)	maminka (ž)	[mamɪŋka]
papá (m)	táta (m)	[ta:ta]
pais (pl)	rodiče (m mn)	[rodɪtʃɛ]
criança (f)	dítě (s)	[di:te]
crianças (f pl)	děti (ž mn)	[detɪ]
avó (f)	babička (ž)	[babɪtʃka]
avô (m)	dědeček (m)	[dedɛtʃɛk]
neto (m)	vnuk (m)	[vnuk]
neta (f)	vnučka (ž)	[vnutʃka]
netos (pl)	vnuci (m mn)	[vnutsɪ]
tio (m)	strýc (m)	[stri:ts]
tia (f)	teta (ž)	[tɛta]

sobrinho (m)	synovec (m)	[sɪnovɛts]
sobrinha (f)	neteř (ž)	[nɛtɛrʃ]
sogra (f)	tchyně (ž)	[txɪne]
sogro (m)	tchán (m)	[txa:n]
genro (m)	zeť (m)	[zɛtʲ]
madrasta (f)	nevlastní matka (ž)	[nɛvlastni: matka]
padrasto (m)	nevlastní otec (m)	[nɛvlastni: otɛts]
criança (f) de colo	kojenec (m)	[kojɛnɛts]
bebé (m)	nemluvně (s)	[nɛmluvne]
menino (m)	děcko (s)	[detsko]
mulher (f)	žena (ž)	[ʒena]
marido (m)	muž (m)	[muʃ]
esposo (m)	manžel (m)	[manʒel]
esposa (f)	manželka (ž)	[manʒelka]
casado	ženatý	[ʒenati:]
casada	vdaná	[vdana:]
solteiro	svobodný	[svobodni:]
solteirão (m)	mládenec (m)	[mla:dɛnɛts]
divorciado	rozvedený	[rozvɛdɛni:]
viúva (f)	vdova (ž)	[vdova]
viúvo (m)	vdovec (m)	[vdovɛts]
parente (m)	příbuzný (m)	[prʃi:buzni:]
parente (m) próximo	blízký příbuzný (m)	[bli:ski: prʃi:buzni:]
parente (m) distante	vzdálený příbuzný (m)	[vzda:lɛni: prʃi:buzni:]
parentes (m pl)	příbuzenstvo (s)	[prʃi:buzɛnstvo]
órfão (m), órfã (f)	sirotek (m, ž)	[sɪrotɛk]
tutor (m)	poručník (m)	[porutʃni:k]
adotar (um filho)	adoptovat	[adoptovat]
adotar (uma filha)	adoptovat dívku	[adoptovat difku]

53. Amigos. Colegas de trabalho

amigo (m)	přítel (m)	[prʃi:tɛl]
amiga (f)	přítelkyně (ž)	[prʃi:tɛlkɪne]
amizade (f)	přátelství (s)	[prʃa:tɛlstvi:]
ser amigos	kamarádit	[kamara:dɪt]
amigo (m)	kamarád (m)	[kamara:t]
amiga (f)	kamarádka (ž)	[kamara:tka]
parceiro (m)	partner (m)	[partnɛr]
chefe (m)	šéf (m)	[ʃɛ:f]
superior (m)	vedoucí (m)	[vɛdoutsi:]
subordinado (m)	podřízený (m)	[podrʒi:zɛni:]
colega (m)	kolega (m)	[kolɛga]
conhecido (m)	známý (m)	[zna:mi:]
companheiro (m) de viagem	spolucestující (m)	[spolutsɛstuji:tsi:]

colega (m) de classe	spolužák (m)	[spoluʒa:k]
vizinho (m)	soused (m)	[sousɛt]
vizinha (f)	sousedka (ž)	[sousɛtka]
vizinhos (pl)	sousedé (m mn)	[sousɛdɛ:]

54. Homem. Mulher

mulher (f)	žena (ž)	[ʒena]
rapariga (f)	slečna (ž)	[slɛtʃna]
noiva (f)	nevěsta (ž)	[nɛvesta]

bonita	pěkná	[pekna:]
alta	vysoká	[vɪsoka:]
esbelta	štíhlá	[ʃti:hla:]
de estatura média	menší	[mɛnʃi:]

| loura (f) | blondýna (ž) | [blondi:na] |
| morena (f) | bruneta (ž) | [brunɛta] |

de senhora	dámský	[da:mski:]
virgem (f)	panna (ž)	[panna]
grávida	těhotná	[tehotna:]

homem (m)	muž (m)	[muʃ]
louro (m)	blondýn (m)	[blondi:n]
moreno (m)	brunet (m)	[brunɛt]
alto	vysoký	[vɪsoki:]
de estatura média	menší	[mɛnʃi:]

rude	hrubý	[hrubi:]
atarracado	zavalitý	[zavalɪti:]
robusto	statný, zdatný	[statni:], [zdatni:]
forte	silný	[sɪlni:]
força (f)	síla (ž)	[si:la]

gordo	tělnatý	[telnati:]
moreno	snědý	[snedi:]
esbelto	štíhlý	[ʃti:hli:]
elegante	elegantní	[ɛlɛgantni:]

55. Idade

idade (f)	věk (m)	[vek]
juventude (f)	mladost (ž)	[mladost]
jovem	mladý	[mladi:]

| mais novo | mladší | [mladʃi:] |
| mais velho | starší | [starʃi:] |

jovem (m)	jinoch (m)	[jɪnox]
adolescente (m)	výrostek (m)	[vi:rostɛk]
rapaz (m)	kluk (m)	[klʊk]

| velho (m) | stařec (m) | [starʒɛʦ] |
| velhota (f) | stařena (ž) | [starʒɛna] |

adulto	dospělý	[dospeli:]
de meia-idade	středního věku	[strʃɛdni:ho veku]
idoso, de idade	starší	[starʃi:]
velho	starý	[stari:]

reforma (f)	důchod (m)	[du:xot]
reformar-se (vr)	odejít do důchodu	[odɛji:t do du:xodu]
reformado (m)	důchodce (m)	[du:xodʦɛ]

56. Crianças

criança (f)	dítě (s)	[di:te]
crianças (f pl)	děti (ž mn)	[detɪ]
gémeos (m pl)	blíženci (m mn)	[bli:ʒenʦɪ]

berço (m)	kolébka (ž)	[kolɛ:pka]
guizo (m)	chrastítko (s)	[xrasti:tko]
fralda (f)	plenka (ž)	[plɛŋka]

chupeta (f)	dudlík (m)	[dudli:k]
carrinho (m) de bebé	kočárek (m)	[koʧa:rɛk]
jardim (m) de infância	mateřská škola (ž)	[matɛrʃska: ʃkola]
babysitter (f)	chůva (ž)	[xu:va]

infância (f)	dětství (s)	[detstvi:]
boneca (f)	panenka (ž)	[panɛŋka]
brinquedo (m)	hračka (ž)	[hraʧka]
jogo (m) de armar	dětská stavebnice (ž)	[deʦka: stavɛbnɪʦɛ]

bem-educado	vychovaný	[vɪxovani:]
mal-educado	nevychovaný	[nɛvɪxovani:]
mimado	rozmazlený	[rozmazlɛni:]

ser travesso	dovádět	[dova:det]
travesso, traquinas	nezbedný	[nɛzbɛdni:]
travessura (f)	nezbednost (ž)	[nɛzbɛdnost]
criança (f) travessa	nezbedník (m)	[nɛzbɛdni:k]

| obediente | poslušný | [posluʃni:] |
| desobediente | neposlušný | [nɛposluʃni:] |

dócil	poslušný	[posluʃni:]
inteligente	rozumný	[rozumni:]
menino (m) prodígio	zázračné dítě (s)	[za:zraʧnɛ di:te]

57. Casais. Vida de família

| beijar (vt) | líbat | [li:bat] |
| beijar-se (vr) | líbat se | [li:bat sɛ] |

família (f)	rodina (ž)	[rodɪna]
familiar	rodinný	[rodɪnni:]
casal (m)	pár (m)	[pa:r]
matrimónio (m)	manželství (s)	[manʒelstvi:]
lar (m)	rodinný krb (m)	[rodɪnni: krp]
dinastia (f)	dynastie (ž)	[dɪnastɪe]

| encontro (m) | rande (s) | [randɛ] |
| beijo (m) | pusa (ž) | [pusa] |

amor (m)	láska (ž)	[la:ska]
amar (vt)	milovat	[mɪlovat]
amado, querido	milovaný	[mɪlovani:]

ternura (f)	něžnost (ž)	[neʒnost]
terno, afetuoso	něžný	[neʒni:]
fidelidade (f)	věrnost (ž)	[vernost]
fiel	věrný	[verni:]
cuidado (m)	péče (ž)	[pɛ:tʃɛ]
carinhoso	starostlivý	[starostlɪvi:]

| casar-se (com um homem) | vdát se | [vda:t sɛ] |
| casar-se (com uma mulher) | ženit se | [ʒenɪt sɛ] |

boda (f)	svatba (ž)	[svatba]
bodas (f pl) de ouro	zlatá svatba (ž)	[zlata: svatba]
aniversário (m)	výročí (s)	[vi:rotʃi:]

| amante (m) | milenec (m) | [mɪlɛnɛts] |
| amante (f) | milenka (ž) | [mɪlɛŋka] |

adultério (m)	nevěra (ž)	[nɛvera]
cometer adultério	podvést	[podvɛ:st]
ciumento	žárlivý	[ʒa:rlɪvi:]
ser ciumento	žárlit	[ʒa:rlɪt]
divórcio (m)	rozvod (m)	[rozvot]
divorciar-se (vr)	rozvést se	[rozvɛ:st sɛ]

brigar (discutir)	hádat se	[ha:dat sɛ]
fazer as pazes	smiřovat se	[smɪrʒovat sɛ]
juntos	spolu	[spolu]
sexo (m)	sex (m)	[sɛks]

felicidade (f)	štěstí (s)	[ʃtesti:]
feliz	šťastný	[ʃtʲastni:]
infelicidade (f)	neštěstí (s)	[nɛʃtesti:]
infeliz	nešťastný	[nɛʃtʲastni:]

Caráter. Sentimentos. Emoções

58. Sentimentos. Emoções

sentimento (m)	pocit (m)	[potsɪt]
sentimentos (m pl)	pocity (m mn)	[potsɪtɪ]
sentir (vt)	cítit	[tsi:tɪt]

fome (f)	hlad (m)	[hlat]
ter fome	mít hlad	[mi:t hlat]
sede (f)	žízeň (ž)	[ʒi:zɛnʲ]
ter sede	mít žízeň	[mi:t ʒi:zɛnʲ]
sonolência (f)	ospalost (ž)	[ospalost]
estar sonolento	chtít spát	[xti:t spa:t]

cansaço (m)	únava (ž)	[u:nava]
cansado	unavený	[unavɛni:]
ficar cansado	unavit se	[unavɪt sɛ]

humor (m)	nálada (ž)	[na:lada]
tédio (m)	nuda (ž)	[nuda]
aborrecer-se (vr)	nudit se	[nudɪt sɛ]
isolamento (m)	samota (ž)	[samota]
isolar-se	odloučit se	[odloutʃɪt sɛ]

preocupar (vt)	znepokojovat	[znɛpokojovat]
preocupar-se (vr)	znepokojovat se	[znɛpokojovat sɛ]
preocupação (f)	úzkost (ž)	[u:skost]
ansiedade (f)	nepokoj (m)	[nɛpokoj]
preocupado	ustaraný	[ustarani:]
estar nervoso	být nervózní	[bi:t nɛrvo:zni:]
entrar em pânico	panikařit	[panɪkarʒɪt]

esperança (f)	naděje (ž)	[nadejɛ]
esperar (vt)	doufat	[doufat]

certeza (f)	jistota (ž)	[jɪstota]
certo	jistý	[jɪsti:]
indecisão (f)	nejistota (ž)	[nɛjɪstota]
indeciso	nejistý	[nɛjɪsti:]

ébrio, bêbado	opilý	[opɪli:]
sóbrio	střízlivý	[strʒi:zlɪvi:]
fraco	slabý	[slabi:]
feliz	šťastný	[ʃtʲastni:]
assustar (vt)	polekat	[polɛkat]
fúria (f)	zuřivost (ž)	[zurʒɪvost]
ira, raiva (f)	vztek (m)	[vstɛk]
depressão (f)	deprese (ž)	[dɛprɛsɛ]
desconforto (m)	neklid (m)	[nɛklɪt]

conforto (m)	klid (m)	[klɪt]
arrepender-se (vr)	litovat	[lɪtovat]
arrependimento (m)	lítost (ž)	[li:tost]
azar (m), má sorte (f)	smůla (ž)	[smu:la]
tristeza (f)	rozladění (s)	[rozladeni:]

vergonha (f)	stud (m)	[stut]
alegria (f)	radost (ž)	[radost]
entusiasmo (m)	nadšení (s)	[nadʃɛni:]
entusiasta (m)	nadšenec (m)	[nadʃɛnɛts]
mostrar entusiasmo	projevit nadšení	[projɛvɪt nadʃɛni:]

59. Caráter. Personalidade

caráter (m)	povaha (ž)	[povaha]
falha (f) de caráter	vada (ž)	[vada]
mente (f), razão (f)	rozum (m)	[rozum]

consciência (f)	svědomí (s)	[svedomi:]
hábito (m)	zvyk (m)	[zvɪk]
habilidade (f)	schopnost (ž)	[sxopnost]
saber (~ nadar, etc.)	umět	[umnet]

paciente	trpělivý	[trpelɪvi:]
impaciente	opilý	[opɪli:]
curioso	zvědavý	[zvedavi:]
curiosidade (f)	zvědavost (ž)	[zvedavost]

modéstia (f)	skromnost (ž)	[skromnost]
modesto	skromný	[skromni:]
imodesto	neskromný	[nɛskromni:]

preguiça (f)	lenost (ž)	[lɛnost]
preguiçoso	líný	[li:ni:]
preguiçoso (m)	lenoch (m)	[lɛnox]

astúcia (f)	vychytralost (ž)	[vɪxɪtralost]
astuto	vychytralý	[vɪxɪtrali:]
desconfiança (f)	nedůvěra (ž)	[nɛdu:vera]
desconfiado	nedůvěřivý	[nɛdu:verʒɪvi:]

generosidade (f)	štědrost (ž)	[ʃtedrost]
generoso	štědrý	[ʃtedri:]
talentoso	nadaný	[nadani:]
talento (m)	nadání (s)	[nada:ni:]

corajoso	smělý	[smneli:]
coragem (f)	smělost (ž)	[smnelost]
honesto	poctivý	[potstɪvi:]
honestidade (f)	poctivost (ž)	[potstɪvost]

prudente	opatrný	[opatrni:]
valente	odvážný	[odva:ʒni:]
sério	vážný	[va:ʒni:]

severo	přísný	[prʃiːsni:]
decidido	rozhodný	[rozhodni:]
indeciso	nerozhodný	[nɛrozhodni:]
tímido	nesmělý	[nɛsmneli:]
timidez (f)	nesmělost (ž)	[nɛsmnelost]
confiança (f)	důvěra (ž)	[duːvera]
confiar (vt)	věřit	[verʒɪt]
crédulo	důvěřivý	[duːverʒɪvi:]
sinceramente	upřímně	[uprʃiːmne]
sincero	upřímný	[uprʃiːmni:]
sinceridade (f)	upřímnost (ž)	[uprʃiːmnost]
aberto	otevřený	[otɛvrʒɛni:]
calmo	tichý	[tɪxi:]
franco	upřímný	[uprʃiːmni:]
ingénuo	naivní	[naɪvni:]
distraído	roztržitý	[roztrʒɪti:]
engraçado	směšný	[smneʃni:]
ganância (f)	lakomost (ž)	[lakomost]
ganancioso	lakomý	[lakomi:]
avarento	skoupý	[skoupi:]
mau	zlý	[zli:]
teimoso	tvrdohlavý	[tvrdohlavi:]
desagradável	nepříjemný	[nɛprʃiːjɛmni:]
egoísta (m)	sobec (m)	[sobɛts]
egoísta	sobecký	[sobɛtski:]
cobarde (m)	zbabělec (m)	[zbabelɛts]
cobarde	bázlivý	[baːzlɪvi:]

60. O sono. Sonhos

dormir (vi)	spát	[spaːt]
sono (m)	spaní (s)	[spani:]
sonho (m)	sen (m)	[sɛn]
sonhar (vi)	snít	[sni:t]
sonolento	ospalý	[ospali:]
cama (f)	lůžko (s)	[luːʃko]
colchão (m)	matrace (ž)	[matratsɛ]
cobertor (m)	deka (ž)	[dɛka]
almofada (f)	polštář (m)	[polʃtaːrʃ]
lençol (m)	prostěradlo (s)	[prosteradlo]
insónia (f)	nespavost (ž)	[nɛspavost]
insone	bezesný	[bɛzɛsni:]
sonífero (m)	prášek (m) pro spaní	[praːʃɛk pro spani:]
tomar um sonífero	vzít prášek pro spaní	[vziːt praːʃɛk pro spani:]
estar sonolento	chtít spát	[xtiːt spaːt]
bocejar (vi)	zívnout	[ziːvnout]

ir para a cama	jít spát	[ji:t spa:t]
fazer a cama	stlát postel	[stla:t postɛl]
adormecer (vi)	usnout	[usnout]

pesadelo (m)	noční můra (ž)	[notʃni: mu:ra]
ronco (m)	chrápání (s)	[xra:pa:ni:]
roncar (vi)	chrápat	[xra:pat]

despertador (m)	budík (m)	[budi:k]
acordar, despertar (vt)	vzbudit	[vzbudɪt]
acordar (vi)	probouzet se	[probouzɛt sɛ]
levantar-se (vr)	vstávat	[vsta:vat]
lavar-se (vr)	umýt se	[umi:t sɛ]

61. Humor. Riso. Alegria

humor (m)	humor (m)	[humor]
sentido (m) de humor	smysl (m)	[smɪsl]
divertir-se (vr)	bavit se	[bavɪt sɛ]
alegre	veselý	[vɛsɛli:]
alegria (f)	zábava (ž)	[za:bava]

sorriso (m)	úsměv (m)	[u:smnef]
sorrir (vi)	usmívat se	[usmi:vat sɛ]
começar a rir	zasmát se	[zasma:t sɛ]
rir (vi)	smát se	[sma:t sɛ]
riso (m)	smích (m)	[smi:x]

anedota (f)	anekdota (ž)	[anɛgdota]
engraçado	směšný	[smnɛʃni:]
ridículo	směšný	[smnɛʃni:]

brincar, fazer piadas	žertovat	[ʒertovat]
piada (f)	žert (m)	[ʒert]
alegria (f)	radost (ž)	[radost]
regozijar-se (vr)	radovat se	[radovat sɛ]
alegre	radostný	[radostni:]

62. Discussão, conversação. Parte 1

| comunicação (f) | styk (m) | [stɪk] |
| comunicar-se (vr) | komunikovat | [komunɪkovat] |

conversa (f)	rozhovor (m)	[rozhovor]
diálogo (m)	dialog (m)	[dɪalok]
discussão (f)	diskuse (ž)	[dɪskusɛ]
debate (m)	debata (ž)	[dɛbata]
debater (vt)	diskutovat	[dɪskutovat]

interlocutor (m)	účastník (m) rozhovoru	[u:tʃastni:k rozhovoru]
tema (m)	téma (s)	[tɛ:ma]
ponto (m) de vista	stanovisko (s)	[stanovɪsko]

59

| opinião (f) | názor (m) | [naːzor] |
| discurso (m) | projev (m) | [projɛf] |

discussão (f)	diskuse (ž)	[dɪskusɛ]
discutir (vt)	projednávat	[projɛdnaːvat]
conversa (f)	beseda (ž)	[bɛsɛda]
conversar (vi)	besedovat	[bɛsɛdovat]
encontro (m)	setkání (s)	[sɛtkaːniː]
encontrar-se (vr)	utkávat se	[utkaːvat sɛ]

provérbio (m)	přísloví (s)	[prʃiːsloviː]
ditado (m)	pořekadlo (s)	[porʒɛkadlo]
adivinha (f)	hádanka (ž)	[haːdaŋka]
dizer uma adivinha	dávat hádat	[daːvat haːdat]
senha (f)	heslo (s)	[hɛslo]
segredo (m)	tajemství (s)	[tajɛmstviː]

juramento (m)	přísaha (ž)	[prʃiːsaha]
jurar (vi)	přísahat	[prʃiːsahat]
promessa (f)	slib (m)	[slɪp]
prometer (vt)	slibovat	[slɪbovat]

conselho (m)	rada (ž)	[rada]
aconselhar (vt)	radit	[radɪt]
escutar (~ os conselhos)	poslouchat	[poslouxat]

novidade, notícia (f)	novina (ž)	[novɪna]
sensação (f)	senzace (ž)	[sɛnzatsɛ]
informação (f)	údaje (m mn)	[uːdajɛ]
conclusão (f)	závěr (m)	[zaːver]
voz (f)	hlas (m)	[hlas]
elogio (m)	lichotka (ž)	[lɪxotka]
amável	laskavý	[laskaviː]

palavra (f)	slovo (s)	[slovo]
frase (f)	věta (ž)	[veta]
resposta (f)	odpověď (ž)	[otpovetʲ]

| verdade (f) | pravda (ž) | [pravda] |
| mentira (f) | lež (ž) | [lɛʃ] |

pensamento (m)	myšlenka (ž)	[mɪʃlɛŋka]
ideia (f)	idea (ž)	[ɪdɛa]
fantasia (f)	fantazie (ž)	[fantazɪe]

63. Discussão, conversação. Parte 2

estimado	vážený	[vaːʒeniː]
respeitar (vt)	vážit si	[vaːʒɪt sɪ]
respeito (m)	respekt (m)	[rɛspɛkt]
Estimado ..., Caro ...	vážený	[vaːʒeniː]

| apresentar (vt) | seznámit | [sɛznaːmɪt] |
| intenção (f) | úmysl (m) | [uːmɪsl] |

tencionar (vt)	mít v úmyslu	[mi:t v u:mɪslu]
desejo (m)	přání (s)	[prʃa:ni:]
desejar (ex. ~ boa sorte)	popřát	[poprʃa:t]

surpresa (f)	překvapení (s)	[prʃɛkvapɛnɪ]
surpreender (vt)	udivovat	[udɪvovat]
surpreender-se (vr)	divit se	[dɪvɪt sɛ]

dar (vt)	dát	[da:t]
pegar (tomar)	vzít	[vzi:t]
devolver (vt)	vrátit	[vra:tɪt]
retornar (vt)	odevzdat	[odɛvzdat]

desculpar-se (vr)	omlouvat se	[omlouvat sɛ]
desculpa (f)	omluva (ž)	[omluva]
perdoar (vt)	odpouštět	[otpouʃtet]

falar (vi)	mluvit	[mluvɪt]
escutar (vt)	poslouchat	[poslouxat]
ouvir até o fim	vyslechnout	[vɪslɛxnout]
compreender (vt)	pochopit	[poxopɪt]

mostrar (vt)	ukázat	[uka:zat]
olhar para ...	dívat se	[di:vat sɛ]
chamar (dizer em voz alta o nome)	zavolat	[zavolat]
perturbar (vt)	rušit	[ruʃɪt]
entregar (~ em mãos)	předat	[prʃɛdat]

pedido (m)	prosba (ž)	[prozba]
pedir (ex. ~ ajuda)	prosit	[prosɪt]
exigência (f)	požadavek (m)	[poʒadavɛk]
exigir (vt)	žádat	[ʒa:dat]

chamar nomes (vt)	škádlit	[ʃka:dlɪt]
zombar (vt)	vysmívat se	[vɪsmi:vat sɛ]
zombaria (f)	výsměch (m)	[vi:smnex]
alcunha (f)	přezdívka (ž)	[prʃɛzdi:fka]

insinuação (f)	narážka (ž)	[nara:ʃka]
insinuar (vt)	narážet	[nara:ʒet]
subentender (vt)	mínit	[mi:nɪt]

descrição (f)	popis (m)	[popɪs]
descrever (vt)	popsat	[popsat]
elogio (m)	pochvala (ž)	[poxvala]
elogiar (vt)	pochválit	[poxva:lɪt]

desapontamento (m)	zklamání (s)	[sklama:ni:]
desapontar (vt)	zklamat	[sklamat]
desapontar-se (vr)	zklamat se	[sklamat sɛ]

suposição (f)	předpoklad (m)	[prʃɛtpoklat]
supor (vt)	předpokládat	[prʃɛtpokla:dat]
advertência (f)	varování (s)	[varova:ni:]
advertir (vt)	varovat	[varovɑt]

64. Discussão, conversação. Parte 3

convencer (vt)	přemluvit	[prʃɛmluvɪt]
acalmar (vt)	uklidňovat	[uklɪdnʲovat]
silêncio (o ~ é de ouro)	mlčení (s)	[mlʧɛni:]
ficar em silêncio	mlčet	[mlʧɛt]
sussurrar (vt)	šeptnout	[ʃɛptnout]
sussurro (m)	šepot (m)	[ʃɛpot]
francamente	otevřeně	[otɛvrʒɛne]
a meu ver ...	podle mého názoru ...	[podlɛ mɛ:ho na:zoru]
detalhe (~ da história)	podrobnost (ž)	[podrobnost]
detalhado	podrobný	[podrobni:]
detalhadamente	podrobně	[podrobne]
dica (f)	nápověda (ž)	[na:poveda]
dar uma dica	napovídat	[napovi:dat]
olhar (m)	pohled (m)	[pohlɛt]
dar uma vista de olhos	pohlédnout	[pohlɛ:dnout]
fixo (olhar ~)	ustrnulý	[ustrnuli:]
piscar (vi)	mrkat	[mrkat]
pestanejar (vt)	mrknout	[mrknout]
acenar (com a cabeça)	kývnout	[ki:vnout]
suspiro (m)	vzdech (m)	[vzdɛx]
suspirar (vi)	vzdechnout	[vzdɛxnout]
estremecer (vi)	zachvívat se	[zaxvi:vat sɛ]
gesto (m)	gesto (s)	[gɛsto]
tocar (com as mãos)	dotknout se	[dotknout sɛ]
agarrar (~ pelo braço)	chytat	[xɪtat]
bater de leve	plácat	[pla:ʦat]
Cuidado!	Pozor!	[pozor]
A sério?	Opravdu?	[opravdu]
Tem certeza?	Jsi si tím jist?	[jsɪ sɪ ti:m jɪst]
Boa sorte!	Hodně zdaru!	[hodne zdaru]
Compreendi!	Jasně!	[jasne]
Que pena!	Škoda!	[ʃkoda]

65. Acordo. Recusa

consentimento (~ mútuo)	souhlas (m)	[souhlas]
consentir (vi)	souhlasit	[souhlasɪt]
aprovação (f)	schválení (s)	[sxva:lɛni:]
aprovar (vt)	schválit	[sxva:lɪt]
recusa (f)	odmítnutí (s)	[odmi:tnuti:]
negar-se (vt)	odmítat	[odmi:tat]
Está ótimo!	Výborně!	[vi:borne]
Muito bem!	Dobře!	[dobrʒɛ]

Está bem! De acordo!	Platí!	[plati:]
proibido	zakázaný	[zaka:zani:]
é proibido	nesmí se	[nɛsmi: sɛ]
é impossível	není možno	[nɛni: moʒno]
incorreto	nesprávný	[nɛspra:vni:]

rejeitar (~ um pedido)	zamítnout	[zami:tnout]
apoiar (vt)	podpořit	[potporʒɪt]
aceitar (desculpas, etc.)	akceptovat	[aktsɛptovat]

confirmar (vt)	potvrdit	[potvrdɪt]
confirmação (f)	potvrzení (s)	[potvrzɛni:]
permissão (f)	povolení (s)	[povolɛni:]
permitir (vt)	dovolit	[dovolɪt]
decisão (f)	rozhodnutí (s)	[rozhodnuti:]
não dizer nada	nepromluvit	[nɛpromluvɪt]

condição (com uma ~)	podmínka (ž)	[podmi:ŋka]
pretexto (m)	výmluva (ž)	[vi:mluva]
elogio (m)	pochvala (ž)	[poxvala]
elogiar (vt)	chválit	[xva:lɪt]

66. Sucesso. Boa sorte. Insucesso

êxito, sucesso (m)	úspěch (m)	[u:spex]
com êxito	úspěšně	[u:speʃne]
bem sucedido	úspěšný	[u:spɛʃni:]

sorte (fortuna)	zdar (m)	[zdar]
Boa sorte!	Hodně zdaru!	[hodne zdaru]
de sorte	zdařilý	[zdarʒɪli:]
sortudo, felizardo	mít štěstí	[mi:t ʃtɛsti:]
fracasso (m)	nezdar (m)	[nɛzdar]
pouca sorte (f)	neštěstí (s)	[nɛʃtesti:]
azar (m), má sorte (f)	smůla (ž)	[smu:la]
mal sucedido	nepodařený	[nɛpodarʒɛni:]
catástrofe (f)	katastrofa (ž)	[katastrofa]

orgulho (m)	hrdost (ž)	[hrdost]
orgulhoso	hrdý	[hrdi:]
estar orgulhoso	být hrdý	[bi:t hrdi:]
vencedor (m)	vítěz (m)	[vi:tez]
vencer (vi)	zvítězit	[zvi:tezɪt]
perder (vt)	prohrát	[prohra:t]
tentativa (f)	pokus (m)	[pokus]
tentar (vt)	pokoušet se	[pokouʃɛt sɛ]
chance (m)	šance (ž)	[ʃantsɛ]

67. Conflitos. Emoções negativas

grito (m)	křik (m)	[krʃɪk]
gritar (vi)	křičet	[krʃɪtʃɛt]

começar a gritar	zakřičet	[zakrʃɪtʃɛt]
discussão (f)	hádka (ž)	[ha:tka]
discutir (vt)	hádat se	[ha:dat sɛ]
escândalo (m)	skandál (m)	[skanda:l]
criar escândalo	dělat skandál	[delat skanda:l]
conflito (m)	konflikt (m)	[konflɪkt]
mal-entendido (m)	nedorozumění (s)	[nɛdorozumneni:]

insulto (m)	urážka (ž)	[ura:ʃka]
insultar (vt)	urážet	[ura:ʒet]
insultado	uražený	[uraʒeni:]
ofensa (f)	urážka (ž)	[ura:ʃka]
ofender (vt)	urazit	[urazɪt]
ofender-se (vr)	urazit se	[urazɪt sɛ]

indignação (f)	rozhořčení (s)	[rozhorʃtʃɛni:]
indignar-se (vr)	rozhořčovat se	[rozhorʃtʃovat sɛ]
queixa (f)	stížnost (ž)	[sti:ʒnost]
queixar-se (vr)	stěžovat si	[steʒovat sɪ]

desculpa (f)	omluva (ž)	[omluva]
desculpar-se (vr)	omlouvat se	[omlouvat sɛ]
pedir perdão	prosit o prominutí	[prosɪt o promɪnuti:]

crítica (f)	kritika (ž)	[krɪtɪka]
criticar (vt)	kritizovat	[krɪtɪzovat]
acusação (f)	obvinění (s)	[obvɪneni:]
acusar (vt)	obviňovat	[obvɪnʲovat]

vingança (f)	pomsta (ž)	[pomsta]
vingar (vt)	mstít se	[msti:t sɛ]
vingar-se (vr)	odplatit	[otplatɪt]

desprezo (m)	opovržení (s)	[opovrʒeni:]
desprezar (vt)	pohrdat	[pohrdat]
ódio (m)	nenávist (ž)	[nɛna:vɪst]
odiar (vt)	nenávidět	[nɛna:vɪdet]

nervoso	nervózní	[nɛrvo:zni:]
estar nervoso	být nervózní	[bi:t nɛrvo:zni:]
zangado	rozčilený	[roztʃɪleni:]
zangar (vt)	rozčilit	[roztʃɪlɪt]

humilhação (f)	ponížení (s)	[poni:ʒeni:]
humilhar (vt)	ponižovat	[ponɪʒovat]
humilhar-se (vr)	ponižovat se	[ponɪʒovat sɛ]

choque (m)	šok (m)	[ʃok]
chocar (vt)	šokovat	[ʃokovat]

aborrecimento (m)	nepříjemnost (ž)	[nɛprʃi:jɛmnost]
desagradável	nepříjemný	[nɛprʃi:jɛmni:]

medo (m)	strach (m)	[strax]
terrível (tempestade, etc.)	strašný	[straʃni:]
assustador (ex. história ~a)	strašný	[straʃni:]

horror (m)	hrůza (ž)	[hru:za]
horrível (crime, etc.)	hrůzyplný	[hru:zɪplni:]
chorar (vi)	plakat	[plakat]
começar a chorar	zaplakat	[zaplakat]
lágrima (f)	slza (ž)	[slza]
falta (f)	provinění (s)	[provɪneni:]
culpa (f)	vina (ž)	[vɪna]
desonra (f)	hanba (ž)	[hanba]
protesto (m)	protest (m)	[protɛst]
stresse (m)	stres (m)	[strɛs]
perturbar (vt)	rušit	[ruʃɪt]
zangar-se com ...	zlobit se	[zlobɪt sɛ]
zangado	naštvaný	[naʃtvani:]
terminar (vt)	přerušovat	[prʃɛruʃovat]
praguejar	hádat se	[ha:dat sɛ]
assustar-se	lekat se	[lɛkat sɛ]
golpear (vt)	udeřit	[udɛrʒɪt]
brigar (na rua, etc.)	prát se	[pra:t sɛ]
resolver (o conflito)	urovnat	[urovnat]
descontente	nespokojený	[nɛspokojɛni:]
furioso	vzteklý	[vstɛkli:]
Não está bem!	To není dobře!	[to nɛni: dobrʒɛ]
É mau!	To je špatné!	[to jɛ ʃpatnɛ:]

Medicina

68. Doenças

doença (f)	nemoc (ž)	[nɛmots]
estar doente	být nemocný	[bi:t nɛmotsni:]
saúde (f)	zdraví (s)	[zdravi:]

nariz (m) a escorrer	rýma (ž)	[ri:ma]
amigdalite (f)	angína (ž)	[angi:na]
constipação (f)	nachlazení (s)	[naxlazɛni:]
constipar-se (vr)	nachladit se	[naxladɪt sɛ]

bronquite (f)	bronchitida (ž)	[bronxɪti:da]
pneumonia (f)	zápal (m) plic	[za:pal plɪts]
gripe (f)	chřipka (ž)	[xrʃɪpka]

míope	krátkozraký	[kra:tkozraki:]
presbita	dalekozraký	[dalɛkozraki:]
estrabismo (m)	šilhavost (ž)	[ʃɪlhavost]
estrábico	šilhavý	[ʃɪlhavi:]
catarata (f)	šedý zákal (m)	[ʃɛdi: za:kal]
glaucoma (m)	zelený zákal (m)	[zɛlɛni: za:kal]

AVC (m), apoplexia (f)	mozková mrtvice (ž)	[moskova: mrtvɪtsɛ]
ataque (m) cardíaco	infarkt (m)	[ɪnfarkt]
enfarte (m) do miocárdio	infarkt (m) myokardu	[ɪnfarkt mɪokardu]
paralisia (f)	obrna (ž)	[obrna]
paralisar (vt)	paralyzovat	[paralɪzovat]

alergia (f)	alergie (ž)	[alɛrgɪe]
asma (f)	astma (s)	[astma]
diabetes (f)	cukrovka (ž)	[tsukrofka]

dor (f) de dentes	bolení (s) zubů	[bolɛni: zubu:]
cárie (f)	zubní kaz (m)	[zubni: kaz]

diarreia (f)	průjem (m)	[pru:jɛm]
prisão (f) de ventre	zácpa (ž)	[za:tspa]
desarranjo (m) intestinal	žaludeční potíže (ž mn)	[ʒaludɛtʃni: poti:ʒe]
intoxicação (f) alimentar	otrava (ž)	[otrava]
intoxicar-se	otrávit se	[otra:vɪt sɛ]

artrite (f)	artritida (ž)	[artrɪtɪda]
raquitismo (m)	rachitida (ž)	[raxɪtɪda]
reumatismo (m)	revmatismus (m)	[rɛvmatɪzmus]
arteriosclerose (f)	ateroskleróza (ž)	[atɛrosklɛro:za]

gastrite (f)	gastritida (ž)	[gastrɪtɪda]
apendicite (f)	apendicitida (ž)	[apɛndrtsɪtɪda]

colecistite (f)	zánět (m) žlučníku	[za:net ʒlutʃni:ku]
úlcera (f)	vřed (m)	[vrʒɛt]

sarampo (m)	spalničky (ž mn)	[spalnɪtʃki:]
rubéola (f)	zarděnky (ž mn)	[zardeŋkɪ]
iterícia (f)	žloutenka (ž)	[ʒloutɛŋka]
hepatite (f)	hepatitida (ž)	[hɛpatɪtɪda]

esquizofrenia (f)	schizofrenie (ž)	[sxɪzofrɛnɪe]
raiva (f)	vzteklina (ž)	[vstɛklɪna]
neurose (f)	neuróza (ž)	[nɛuro:za]
comoção (f) cerebral	otřes (m) mozku	[otrʃɛs mosku]

cancro (m)	rakovina (ž)	[rakovɪna]
esclerose (f)	skleróza (ž)	[sklɛro:za]
esclerose (f) múltipla	roztroušená skleróza (ž)	[roztrouʃɛna: sklɛro:za]

alcoolismo (m)	alkoholismus (m)	[alkoholɪzmus]
alcoólico (m)	alkoholik (m)	[alkoholɪk]
sífilis (f)	syfilida (ž)	[sɪfɪlɪda]
SIDA (f)	AIDS (m)	[ajts]

tumor (m)	nádor (m)	[na:dor]
maligno	zhoubný	[zhoubni:]
benigno	nezhoubný	[nɛzhoubni:]

febre (f)	zimnice (ž)	[zɪmnɪtsɛ]
malária (f)	malárie (ž)	[mala:rɪe]
gangrena (f)	gangréna (ž)	[gangrɛ:na]
enjoo (m)	mořská nemoc (ž)	[morʃska: nɛmots]
epilepsia (f)	padoucnice (ž)	[padoutsnɪtsɛ]

epidemia (f)	epidemie (ž)	[ɛpɪdɛmɪe]
tifo (m)	tyf (m)	[tɪf]
tuberculose (f)	tuberkulóza (ž)	[tubɛrkulo:za]
cólera (f)	cholera (ž)	[xolɛra]
peste (f)	mor (m)	[mor]

69. Sintomas. Tratamentos. Parte 1

sintoma (m)	příznak (m)	[prʃi:znak]
temperatura (f)	teplota (ž)	[tɛplota]
febre (f)	vysoká teplota (ž)	[vɪsoka: tɛplota]
pulso (m)	tep (m)	[tɛp]

vertigem (f)	závrať (ž)	[za:vratʲ]
quente (testa, etc.)	horký	[horki:]
calafrio (m)	mrazení (s)	[mrazɛni:]
pálido	bledý	[blɛdi:]

tosse (f)	kašel (m)	[kaʃɛl]
tossir (vi)	kašlat	[kaʃlat]
espirrar (vi)	kýchat	[ki:xat]
desmaio (m)	mdloby (ž mn)	[mdlobɪ]

desmaiar (vi)	upadnout do mdlob	[upadnout do mdlop]
nódoa (f) negra	modřina (ž)	[modrʒɪna]
galo (m)	boule (ž)	[boulɛ]
magoar-se (vr)	uhodit se	[uhodɪt sɛ]
pisadura (f)	pohmožděnina (ž)	[pohmoʒdenɪna]
aleijar-se (vr)	uhodit se	[uhodɪt sɛ]

coxear (vi)	kulhat	[kulhat]
deslocação (f)	vykloubení (s)	[vɪkloubɛni:]
deslocar (vt)	vykloubit	[vɪkloubɪt]
fratura (f)	zlomenina (ž)	[zlomɛnɪna]
fraturar (vt)	dostat zlomeninu	[dostat zlomɛnɪnu]

corte (m)	říznutí (s)	[rʒi:znuti:]
cortar-se (vr)	říznout se	[rʒi:znout sɛ]
hemorragia (f)	krvácení (s)	[krva:tsɛni:]

queimadura (f)	popálenina (ž)	[popa:lɛnɪna]
queimar-se (vr)	spálit se	[spa:lɪt sɛ]

picar (vt)	píchnout	[pi:xnout]
picar-se (vr)	píchnout se	[pi:xnout sɛ]
lesionar (vt)	pohmoždit	[pohmoʒdɪt]
lesão (m)	pohmoždění (s)	[pohmoʒdeni:]
ferida (f), ferimento (m)	rána (ž)	[ra:na]
trauma (m)	úraz (m)	[u:raz]

delirar (vi)	blouznit	[blouznɪt]
gaguejar (vi)	zajíkat se	[zaji:kat sɛ]
insolação (f)	úpal (m)	[u:pal]

70. Sintomas. Tratamentos. Parte 2

dor (f)	bolest (ž)	[bolɛst]
farpa (no dedo)	tříska (ž)	[trʃi:ska]

suor (m)	pot (m)	[pot]
suar (vi)	potit se	[potɪt sɛ]
vómito (m)	zvracení (s)	[zvratsɛni:]
convulsões (f pl)	křeče (ž mn)	[krʃɛtʃɛ]

grávida	těhotná	[tehotna:]
nascer (vi)	narodit se	[narodɪt sɛ]
parto (m)	porod (m)	[porot]
dar à luz	rodit	[rodɪt]
aborto (m)	umělý potrat (m)	[umeli: potrat]

respiração (f)	dýchání (s)	[di:xa:ni:]
inspiração (f)	vdech (m)	[vdɛx]
expiração (f)	výdech (m)	[vi:dɛx]
expirar (vi)	vydechnout	[vɪdɛxnout]
inspirar (vi)	nadechnout se	[nadɛxnout sɛ]
inválido (m)	invalida (m)	[ɪnvalɪda]
aleijado (m)	mrzák (m)	[mrza:k]

toxicodependente (m)	narkoman (m)	[narkoman]
surdo	hluchý	[hluxi:]
mudo	němý	[nemi:]

louco (adj.)	šílený	[ʃi:lɛni:]
louco (m)	šílenec (m)	[ʃi:lɛnɛʦ]
louca (f)	šílenec (ž)	[ʃi:lɛnɛʦ]
ficar louco	zešílet	[zɛʃi:lɛt]

gene (m)	gen (m)	[gɛn]
imunidade (f)	imunita (ž)	[ɪmunɪta]
hereditário	dědičný	[dedɪʧni:]
congénito	vrozený	[vrozɛni:]

vírus (m)	virus (m)	[vɪrus]
micróbio (m)	mikrob (m)	[mɪkrop]
bactéria (f)	baktérie (ž)	[baktɛ:rɪe]
infeção (f)	infekce (ž)	[ɪnfɛkʦɛ]

71. Sintomas. Tratamentos. Parte 3

| hospital (m) | nemocnice (ž) | [nɛmoʦnɪʦɛ] |
| paciente (m) | pacient (m) | [paʦɪent] |

diagnóstico (m)	diagnóza (ž)	[dɪagno:za]
cura (f)	léčení (s)	[lɛ:ʧeni:]
tratamento (m) médico	léčba (ž)	[lɛ:ʧba]
curar-se (vr)	léčit se	[lɛ:ʧɪt sɛ]
tratar (vt)	léčit	[lɛ:ʧɪt]
cuidar (pessoa)	ošetřovat	[oʃetrʃovat]
cuidados (m pl)	ošetřování (s)	[oʃetrʃova:ni:]

operação (f)	operace (ž)	[opɛraʦɛ]
enfaixar (vt)	obvázat	[obva:zat]
enfaixamento (m)	obvazování (s)	[obvazova:ni:]

vacinação (f)	očkování (s)	[otʃkova:ni:]
vacinar (vt)	dělat očkování	[delat otʃkova:ni:]
injeção (f)	injekce (ž)	[ɪnjɛkʦɛ]
dar uma injeção	dávat injekci	[da:vat ɪnjɛkʦɪ]

ataque (~ de asma, etc.)	záchvat (m)	[za:xvat]
amputação (f)	amputace (ž)	[amputaʦɛ]
amputar (vt)	amputovat	[amputovat]
coma (f)	kóma (s)	[ko:ma]
estar em coma	být v kómatu	[bi:t v ko:matu]
reanimação (f)	reanimace (ž)	[rɛanɪmaʦɛ]

recuperar-se (vr)	uzdravovat se	[uzdravovat sɛ]
estado (~ de saúde)	stav (m)	[staf]
consciência (f)	vědomí (s)	[vedomi:]
memória (f)	paměť (ž)	[pamnetʲ]
tirar (vt)	trhat	[trhat]
chumbo (m), obturação (f)	plomba (ž)	[plomba]

chumbar, obturar (vt)	plombovat	[plombovat]
hipnose (f)	hypnóza (ž)	[hɪpno:za]
hipnotizar (vt)	hypnotizovat	[hɪpnotɪzovat]

72. Médicos

médico (m)	lékař (m)	[lɛ:karʃ]
enfermeira (f)	zdravotní sestra (ž)	[zdravotni: sɛstra]
médico (m) pessoal	osobní lékař (m)	[osobni: lɛ:karʃ]

dentista (m)	zubař (m)	[zubarʃ]
oculista (m)	oční lékař (m)	[otʃni: lɛ:karʃ]
terapeuta (m)	internista (m)	[ɪntɛrnɪsta]
cirurgião (m)	chirurg (m)	[xɪrurg]

psiquiatra (m)	psychiatr (m)	[psɪxɪatr]
pediatra (m)	pediatr (m)	[pɛdɪatr]
psicólogo (m)	psycholog (m)	[psɪxolog]
ginecologista (m)	gynekolog (m)	[gɪnɛkolog]
cardiologista (m)	kardiolog (m)	[kardɪolog]

73. Medicina. Drogas. Acessórios

medicamento (m)	lék (m)	[lɛ:k]
remédio (m)	prostředek (m)	[prostrʃɛdɛk]
receitar (vt)	předepsat	[prʒɛdɛpsat]
receita (f)	recept (m)	[rɛtsɛpt]

comprimido (m)	tableta (ž)	[tablɛta]
pomada (f)	mast (ž)	[mast]
ampola (f)	ampule (ž)	[ampulɛ]
preparado (m)	mixtura (ž)	[mɪkstura]
xarope (m)	sirup (m)	[sɪrup]
cápsula (f)	pilulka (ž)	[pɪlulka]
remédio (m) em pó	prášek (m)	[pra:ʃɛk]

ligadura (f)	obvaz (m)	[obvaz]
algodão (m)	vata (ž)	[vata]
iodo (m)	jód (m)	[jo:t]
penso (m) rápido	leukoplast (m)	[lɛukoplast]
conta-gotas (m)	pipeta (ž)	[pɪpɛta]
termómetro (m)	teploměr (m)	[tɛplomner]
seringa (f)	injekční stříkačka (ž)	[ɪnjɛktʃni: strʃi:katʃka]

| cadeira (f) de rodas | vozík (m) | [vozi:k] |
| muletas (f pl) | berle (ž mn) | [bɛrlɛ] |

analgésico (m)	anestetikum (s)	[anɛstɛtɪkum]
laxante (m)	projímadlo (s)	[proji:madlo]
álcool (m) etílico	líh (m)	[li:x]
ervas (f pl) medicinais	bylina (ž)	[bɪlɪna]
de ervas (chá ~)	bylinný	[bɪlɪnni:]

74. Fumar. Produtos tabágicos

tabaco (m)	tabák (m)	[taba:k]
cigarro (m)	cigareta (ž)	[ʦɪgarɛta]
charuto (m)	doutník (m)	[doutni:k]
cachimbo (m)	dýmka (ž)	[di:mka]
maço (~ de cigarros)	krabička (ž)	[krabɪʧka]
fósforos (m pl)	zápalky (ž mn)	[za:palkɪ]
caixa (f) de fósforos	krabička (ž) zápalek	[krabɪʧka za:palek]
isqueiro (m)	zapalovač (m)	[zapalovaʧ]
cinzeiro (m)	popelník (m)	[popɛlni:k]
cigarreira (f)	pouzdro (s) na cigarety	[pouzdro na ʦɪgarɛtɪ]
boquilha (f)	špička (ž) na cigarety	[ʃpɪʧka na ʦɪgarɛtɪ]
filtro (m)	filtr (m)	[fɪltr]
fumar (vi, vt)	kouřit	[kourʒɪt]
acender um cigarro	zapálit si	[zapa:lɪt sɪ]
tabagismo (m)	kouření (s)	[kourʒɛni:]
fumador (m)	kuřák (m)	[kurʒa:k]
beata (f)	nedopalek (m)	[nɛdopalɛk]
fumo (m)	kouř (m)	[kourʃ]
cinza (f)	popel (m)	[popɛl]

HABITAT HUMANO

Cidade

75. Cidade. Vida na cidade

cidade (f)	město (s)	[mnesto]
capital (f)	hlavní město (s)	[hlavni: mnesto]
aldeia (f)	venkov (m)	[vɛŋkof]
mapa (m) da cidade	plán (m) města	[pla:n mnesta]
centro (m) da cidade	střed (m) města	[strʃɛd mnesta]
subúrbio (m)	předměstí (s)	[prʃɛdmnesti:]
suburbano	předměstský	[prʃɛdmnestski:]
periferia (f)	okraj (m)	[okraj]
arredores (m pl)	okolí (s)	[okoli:]
quarteirão (m)	čtvrť (ž)	[tʃtvrtʲ]
quarteirão (m) residencial	obytná čtvrť (ž)	[obɪtna: tʃtvrtʲ]
tráfego (m)	provoz (m)	[provoz]
semáforo (m)	semafor (m)	[sɛmafor]
transporte (m) público	městská doprava (ž)	[mnestska: doprava]
cruzamento (m)	křižovatka (ž)	[krʃɪʒovatka]
passadeira (f)	přechod (m)	[prʃɛxot]
passagem (f) subterrânea	podchod (m)	[podxot]
cruzar, atravessar (vt)	přecházet	[prʃɛxa:zɛt]
peão (m)	chodec (m)	[xodɛts]
passeio (m)	chodník (m)	[xodni:k]
ponte (f)	most (m)	[most]
margem (f) do rio	nábřeží (s)	[na:brʒɛʒi:]
fonte (f)	fontána (ž)	[fonta:na]
alameda (f)	alej (ž)	[alɛj]
parque (m)	park (m)	[park]
bulevar (m)	bulvár (m)	[bulva:r]
praça (f)	náměstí (s)	[na:mnesti:]
avenida (f)	třída (ž)	[trʃi:da]
rua (f)	ulice (ž)	[ulɪtsɛ]
travessa (f)	boční ulice (ž)	[botʃni: ulɪtsɛ]
beco (m) sem saída	slepá ulice (ž)	[slɛpa: ulɪtsɛ]
casa (f)	dům (m)	[du:m]
edifício, prédio (m)	budova (ž)	[budova]
arranha-céus (m)	mrakodrap (m)	[mrakodrap]
fachada (f)	fasáda (ž)	[fasa:da]
telhado (m)	střecha (ž)	[strʃɛxa]

janela (f)	okno (s)	[okno]
arco (m)	oblouk (m)	[oblouk]
coluna (f)	sloup (m)	[sloup]
esquina (f)	roh (m)	[rox]

montra (f)	výloha (ž)	[vi:loha]
letreiro (m)	vývěsní tabule (ž)	[vi:vesni: tabulɛ]
cartaz (m)	plakát (m)	[plaka:t]
cartaz (m) publicitário	reklamní plakát (m)	[rɛklamni: plaka:t]
painel (m) publicitário	billboard (m)	[bɪlbo:rt]

lixo (m)	odpadky (m mn)	[otpatki:]
cesta (f) do lixo	popelnice (ž)	[popɛlnɪtsɛ]
jogar lixo na rua	dělat smetí	[delat smɛti:]
aterro (m) sanitário	smetiště (s)	[smɛtɪʃtɛ]

cabine (f) telefónica	telefonní budka (ž)	[tɛlɛfonni: butka]
candeeiro (m) de rua	pouliční svítilna (ž)	[poulɪtʃni: svi:tɪlna]
banco (m)	lavička (ž)	[lavɪtʃka]

polícia (m)	policista (m)	[polɪtsɪsta]
polícia (instituição)	policie (ž)	[polɪtsɪe]
mendigo (m)	žebrák (m)	[ʒebra:k]
sem-abrigo (m)	bezdomovec (m)	[bɛzdomovɛts]

76. Instituições urbanas

loja (f)	obchod (m)	[obxot]
farmácia (f)	lékárna (ž)	[lɛ:ka:rna]
ótica (f)	oční optika (ž)	[otʃni: optɪka]
centro (m) comercial	obchodní středisko (s)	[obxodni: strʃɛdɪsko]
supermercado (m)	supermarket (m)	[supɛrmarket]

padaria (f)	pekařství (s)	[pɛkarʃstvi:]
padeiro (m)	pekař (m)	[pɛkarʃ]
pastelaria (f)	cukrárna (ž)	[tsukra:rna]
mercearia (f)	smíšené zboží (s)	[smíʃɛnɛ: zboʒi:]
talho (m)	řeznictví (s)	[rʒɛznɪtstvi:]

| loja (f) de legumes | zelinářství (s) | [zɛlɪna:rʃstvi:] |
| mercado (m) | tržnice (ž) | [trʒnɪtsɛ] |

café (m)	kavárna (ž)	[kava:rna]
restaurante (m)	restaurace (ž)	[rɛstauratsɛ]
bar (m), cervejaria (f)	pivnice (ž)	[pɪvnɪtsɛ]
pizzaria (f)	pizzerie (ž)	[pɪtsɛrɪe]

salão (m) de cabeleireiro	holičství (s) a kadeřnictví	[holɪtʃstvi: a kadɛrʒnɪtstvi:]
correios (m pl)	pošta (ž)	[poʃta]
lavandaria (f)	čistírna (ž)	[tʃɪsti:rna]
estúdio (m) fotográfico	fotografický ateliér (m)	[fotografɪtski: atɛlɪe:r]

| sapataria (f) | obchod (m) s obuví | [obxot s obuvi:] |
| livraria (f) | knihkupectví (s) | [knɪxkupɛtstvi·] |

loja (f) de artigos de desporto	sportovní potřeby (ž mn)	[sportovni: potřɛbɪ]
reparação (f) de roupa	opravna (ž) oděvů	[opravna odevu:]
aluguer (m) de roupa	půjčovna (ž) oděvů	[pu:jtʃovna odevu:]
aluguer (m) de filmes	půjčovna (ž) filmů	[pu:jtʃovna fɪlmu:]

circo (m)	cirkus (m)	[tsɪrkus]
jardim (m) zoológico	zoologická zahrada (ž)	[zoologɪtska: zahrada]
cinema (m)	biograf (m)	[bɪograf]
museu (m)	muzeum (s)	[muzɛum]
biblioteca (f)	knihovna (ž)	[knɪhovna]

teatro (m)	divadlo (s)	[dɪvadlo]
ópera (f)	opera (ž)	[opɛra]
clube (m) noturno	noční klub (m)	[notʃni: klup]
casino (m)	kasino (s)	[kasi:no]

mesquita (f)	mešita (ž)	[mɛʃɪta]
sinagoga (f)	synagóga (ž)	[sinago:ga]
catedral (f)	katedrála (ž)	[katɛdra:la]
templo (m)	chrám (m)	[xra:m]
igreja (f)	kostel (m)	[kostɛl]

instituto (m)	vysoká škola (ž)	[vɪsoka: ʃkola]
universidade (f)	univerzita (ž)	[unɪvɛrzɪta]
escola (f)	škola (ž)	[ʃkola]

prefeitura (f)	prefektura (ž)	[prɛfɛktura]
câmara (f) municipal	magistrát (m)	[magɪstra:t]
hotel (m)	hotel (m)	[hotɛl]
banco (m)	banka (ž)	[baŋka]

embaixada (f)	velvyslanectví (s)	[vɛlvɪslanɛtstvi:]
agência (f) de viagens	cestovní kancelář (ž)	[tsɛstovni: kantsɛla:rʃ]
agência (f) de informações	informační kancelář (ž)	[ɪnformatʃni: kantsɛla:rʃ]
casa (f) de câmbio	směnárna (ž)	[smnena:rna]

metro (m)	metro (s)	[mɛtro]
hospital (m)	nemocnice (ž)	[nɛmotsnɪtsɛ]

posto (m) de gasolina	benzínová stanice (ž)	[bɛnzi:nova: stanɪtsɛ]
parque (m) de estacionamento	parkoviště (s)	[parkovɪʃte]

77. Transportes urbanos

autocarro (m)	autobus (m)	[autobus]
elétrico (m)	tramvaj (ž)	[tramvaj]
troleicarro (m)	trolejbus (m)	[trolɛjbus]
itinerário (m)	trasa (ž)	[trasa]
número (m)	číslo (s)	[tʃi:slo]

ir de ... (carro, etc.)	jet	[jɛt]
entrar (~ no autocarro)	nastoupit do ...	[nastoupɪt do]
descer de ...	vystoupit z ...	[vɪstoupɪt z]
paragem (f)	zastávka (ž)	[zasta:fka]

próxima paragem (f)	příští zastávka (ž)	[prʃiːʃti: zastaːfka]
ponto (m) final	konečná stanice (ž)	[konɛʧna: stanɪtsɛ]
horário (m)	jízdní řád (m)	[jiːzdni: rʒaːt]
esperar (vt)	čekat	[ʧɛkat]

| bilhete (m) | jízdenka (ž) | [jiːzdɛŋka] |
| custo (m) do bilhete | jízdné (s) | [jiːzdnɛ:] |

bilheteiro (m)	pokladník (m)	[pokladniːk]
controlo (m) dos bilhetes	kontrola (ž)	[kontrola]
revisor (m)	revizor (m)	[rɛvɪzor]

atrasar-se (vr)	mít zpoždění	[miːt spoʒdɛniː]
perder (o autocarro, etc.)	opozdit se	[opozdɪt sɛ]
estar com pressa	pospíchat	[pospiːxat]

táxi (m)	taxík (m)	[taksiːk]
taxista (m)	taxikář (m)	[taksɪkaːrʃ]
de táxi (ir ~)	taxíkem	[taksiːkɛm]
praça (f) de táxis	stanoviště (s) taxíků	[stanovɪʃte taksiːku:]
chamar um táxi	zavolat taxíka	[zavolat taksiːka]
apanhar um táxi	vzít taxíka	[vziːt taksiːka]

tráfego (m)	uliční provoz (m)	[ulɪʧni: provoz]
engarrafamento (m)	zácpa (ž)	[zaːtspa]
horas (f pl) de ponta	špička (ž)	[ʃpɪʧka]
estacionar (vi)	parkovat se	[parkovat sɛ]
estacionar (vt)	parkovat	[parkovat]
parque (m) de estacionamento	parkoviště (s)	[parkovɪʃte]

metro (m)	metro (s)	[mɛtro]
estação (f)	stanice (ž)	[stanɪtsɛ]
ir de metro	jet metrem	[jɛt mɛtrɛm]
comboio (m)	vlak (m)	[vlak]
estação (f)	nádraží (s)	[naːdraʒi:]

78. Turismo

monumento (m)	památka (ž)	[pamaːtka]
fortaleza (f)	pevnost (ž)	[pɛvnost]
palácio (m)	palác (m)	[palaːts]
castelo (m)	zámek (m)	[zaːmɛk]
torre (f)	věž (ž)	[veʃ]
mausoléu (m)	mauzoleum (s)	[mauzolɛum]

arquitetura (f)	architektura (ž)	[arxɪtɛktura]
medieval	středověký	[strʃɛdoveki:]
antigo	starobylý	[starobɪli:]
nacional	národní	[naːrodni:]
conhecido	známý	[znaːmi:]

turista (m)	turista (m)	[turɪsta]
guia (pessoa)	průvodce (m)	[pruːvodtsɛ]
excursão (f)	výlet (m)	[viːlɛt]

| mostrar (vt) | ukazovat | [ukazovat] |
| contar (vt) | povídat | [povi:dat] |

encontrar (vt)	najít	[naji:t]
perder-se (vr)	ztratit se	[stratɪtsɛ]
mapa (~ do metrô)	plán (m)	[pla:n]
mapa (~ da cidade)	plán (m)	[pla:n]

lembrança (f), presente (m)	suvenýr (m)	[suvɛni:r]
loja (f) de presentes	prodejna (ž) suvenýrů	[prodɛjna suvɛni:ru:]
fotografar (vt)	fotografovat	[fotografovat]
fotografar-se	fotografovat se	[fotografovat sɛ]

79. Compras

comprar (vt)	kupovat	[kupovat]
compra (f)	nákup (m)	[na:kup]
fazer compras	dělat nákupy	[delat na:kupɪ]
compras (f pl)	nakupování (s)	[nakupova:ni:]

| estar aberta (loja, etc.) | být otevřen | [bi:t otɛvrʒɛn] |
| estar fechada | být zavřen | [bi:t zavrʒɛn] |

calçado (m)	obuv (ž)	[obuf]
roupa (f)	oblečení (s)	[oblɛtʃɛni:]
cosméticos (m pl)	kosmetika (ž)	[kosmɛtɪka]
alimentos (m pl)	potraviny (ž mn)	[potravɪnɪ]
presente (m)	dárek (m)	[da:rɛk]

| vendedor (m) | prodavač (m) | [prodavatʃ] |
| vendedora (f) | prodavačka (ž) | [prodavatʃka] |

caixa (f)	pokladna (ž)	[pokladna]
espelho (m)	zrcadlo (s)	[zrtsadlo]
balcão (m)	pult (m)	[pult]
cabine (f) de provas	zkušební kabinka (ž)	[skuʃɛbni: kabɪŋka]

provar (vt)	zkusit	[skusɪt]
servir (vi)	hodit se	[hodɪt sɛ]
gostar (apreciar)	líbit se	[li:bɪt sɛ]

preço (m)	cena (ž)	[tsɛna]
etiqueta (f) de preço	cenovka (ž)	[tsɛnofka]
custar (vt)	stát	[sta:t]
Quanto?	Kolik?	[kolɪk]
desconto (m)	sleva (ž)	[slɛva]

não caro	levný	[lɛvni:]
barato	levný	[lɛvni:]
caro	drahý	[drahi:]
É caro	To je drahé	[to jɛ drahɛ:]

| aluguer (m) | půjčování (s) | [pu:jtʃova:ni:] |
| alugar (vestidos, etc.) | vypůjčit si | [vɪpu:jtʃɪt sɪ] |

| crédito (m) | úvěr (m) | [u:ver] |
| a crédito | na splátky | [na spla:tkɪ] |

80. Dinheiro

dinheiro (m)	peníze (m mn)	[pɛni:zɛ]
câmbio (m)	výměna (ž)	[vi:mnena]
taxa (f) de câmbio	kurz (m)	[kurs]
Caixa Multibanco (m)	bankomat (m)	[baŋkomat]
moeda (f)	mince (ž)	[mɪnʦɛ]

| dólar (m) | dolar (m) | [dolar] |
| euro (m) | euro (s) | [ɛuro] |

lira (f)	lira (ž)	[lɪra]
marco (m)	marka (ž)	[marka]
franco (m)	frank (m)	[fraŋk]
libra (f) esterlina	libra (ž) šterlinků	[lɪbra ʃtɛrlɪŋku:]
iene (m)	jen (m)	[jɛn]

dívida (f)	dluh (m)	[dlux]
devedor (m)	dlužník (m)	[dluʒni:k]
emprestar (vt)	půjčit	[pu:jʧɪt]
pedir emprestado	půjčit si	[pu:jʧɪt sɪ]

banco (m)	banka (ž)	[baŋka]
conta (f)	účet (m)	[u:ʧɛt]
depositar na conta	uložit na účet	[uloʒɪt na u:ʧɛt]
levantar (vt)	vybrat z účtu	[vɪbɪaɫ s u:ʧtu]

cartão (m) de crédito	kreditní karta (ž)	[krɛdɪtni: karta]
dinheiro (m) vivo	hotové peníze (m mn)	[hotovɛ: pɛni:zɛ]
cheque (m)	šek (m)	[ʃɛk]
passar um cheque	vystavit šek	[vɪstavɪt ʃɛk]
livro (m) de cheques	šeková knížka (ž)	[ʃɛkova: kni:ʃka]

carteira (f)	náprsní taška (ž)	[na:prsni: taʃka]
porta-moedas (m)	peněženka (ž)	[pɛneʒeŋka]
cofre (m)	trezor (m)	[trɛzor]

herdeiro (m)	dědic (m)	[dedɪʦ]
herança (f)	dědictví (s)	[dedɪʦtvi:]
fortuna (riqueza)	majetek (m)	[majɛtɛk]

arrendamento (m)	nájem (m)	[na:jɛm]
renda (f) de casa	činže (ž)	[ʧɪnʒe]
alugar (vt)	pronajímat si	[pronaji:mat sɪ]

preço (m)	cena (ž)	[ʦɛna]
custo (m)	cena (ž)	[ʦɛna]
soma (f)	částka (ž)	[ʧa:stka]

| gastar (vt) | utrácet | [utra:ʦɛt] |
| gastos (m pl) | náklady (m mn) | [na:kladɪ] |

77

| economizar (vi) | šetřit | [ʃɛtrʃɪt] |
| económico | úsporný | [uːsporniː] |

pagar (vt)	platit	[platɪt]
pagamento (m)	platba (ž)	[platba]
troco (m)	peníze (m mn) nazpět	[pɛniːzɛ naspet]

imposto (m)	daň (ž)	[danʲ]
multa (f)	pokuta (ž)	[pokuta]
multar (vt)	pokutovat	[pokutovat]

81. Correios. Serviço postal

correios (m pl)	pošta (ž)	[poʃta]
correio (m)	pošta (ž)	[poʃta]
carteiro (m)	listonoš (m)	[lɪstonoʃ]
horário (m)	pracovní doba (ž)	[pratsovniː doba]

carta (f)	dopis (m)	[dopɪs]
carta (f) registada	doporučený dopis (m)	[doporutʃɛniː dopɪs]
postal (m)	pohlednice (ž)	[pohlɛdnɪtsɛ]
telegrama (m)	telegram (m)	[tɛlɛgram]
encomenda (f) postal	balík (m)	[baliːk]
remessa (f) de dinheiro	peněžní poukázka (ž)	[pɛneʒni poukaːska]

receber (vt)	dostat	[dostat]
enviar (vt)	odeslat	[odɛslat]
envio (m)	odeslání (s)	[odɛslaːniː]

endereço (m)	adresa (ž)	[adrɛsa]
código (m) postal	poštovní směrovací číslo (s)	[poʃtovniː smnerovatsiː tʃiːslo]
remetente (m)	odesílatel (m)	[odɛsiːlatɛl]
destinatário (m)	příjemce (m)	[prʃiːjɛmtsɛ]

| nome (m) | jméno (s) | [jmɛːno] |
| apelido (m) | příjmení (s) | [prʃiːjmɛniː] |

tarifa (f)	tarif (m)	[tarɪf]
ordinário	obyčejný	[obɪtʃɛjniː]
económico	zlevněný	[zlɛvneniː]

peso (m)	váha (ž)	[vaːha]
pesar (estabelecer o peso)	vážit	[vaːʒɪt]
envelope (m)	obálka (ž)	[obaːlka]
selo (m)	známka (ž)	[znaːmka]
colar o selo	nalepovat známku	[nalɛpovat znaːmku]

Moradia. Casa. Lar

82. Casa. Habitação

casa (f)	dům (m)	[du:m]
em casa	doma	[doma]
pátio (m)	dvůr (m)	[dvu:r]
cerca (f)	ohrada (ž)	[ohrada]
tijolo (m)	cihla (ž)	[tsɪhla]
de tijolos	cihlový	[tsɪhlovi:]
pedra (f)	kámen (m)	[ka:mɛn]
de pedra	kamenný	[kamɛnni:]
betão (m)	beton (m)	[bɛton]
de betão	betonový	[bɛtonovi:]
novo	nový	[novi:]
velho	starý	[stari:]
decrépito	sešlý	[sɛʃli:]
moderno	moderní	[modɛrni:]
de muitos andares	vícepatrový	[vi:tsɛpatrovi:]
alto	vysoký	[vɪsoki:]
andar (m)	poschodí (s)	[posxodi:]
de um andar	přízemní	[prʃɪzɛmni:]
andar (m) de baixo	dolní podlaží (s)	[dolni: podlaʒi:]
andar (m) de cima	horní podlaží (s)	[horni: podlaʒi:]
telhado (m)	střecha (ž)	[strʃɛxa]
chaminé (f)	komín (m)	[komi:n]
telha (f)	taška (ž)	[taʃka]
de telha	taškový	[taʃkovi:]
sótão (m)	půda (ž)	[pu:da]
janela (f)	okno (s)	[okno]
vidro (m)	sklo (s)	[sklo]
parapeito (m)	parapet (m)	[parapɛt]
portadas (f pl)	okenice (ž mn)	[okɛnɪtsɛ]
parede (f)	stěna (ž)	[stena]
varanda (f)	balkón (m)	[balko:n]
tubo (m) de queda	okapová roura (ž)	[okapova: roura]
em cima	nahoře	[nahorʒɛ]
subir (~ as escadas)	vystupovat	[vɪstupovat]
descer (vi)	jít dolů	[ji:t dolu:]
mudar-se (vr)	stěhovat se	[stehovat sɛ]

83. Casa. Entrada. Elevador

entrada (f)	vchod (m)	[vxot]
escada (f)	schodiště (s)	[sxodɪʃte]
degraus (m pl)	schody (m mn)	[sxodɪ]
corrimão (m)	zábradlí (s)	[za:bradli:]
hall (m) de entrada	hala (ž)	[hala]

caixa (f) de correio	poštovní schránka (ž)	[poʃtovni: sxra:ŋka]
caixote (m) do lixo	popelnice (ž)	[popɛlnɪtsɛ]
conduta (f) do lixo	šachta (ž) na odpadky	[ʃaxta na otpatkɪ]

elevador (m)	výtah (m)	[vi:tax]
elevador (m) de carga	nákladní výtah (m)	[na:kladni: vi:tax]
cabine (f)	kabina (ž)	[kabɪna]
pegar o elevador	jet výtahem	[jɛt vi:tahɛm]

apartamento (m)	byt (m)	[bɪt]
moradores (m pl)	nájemníci (m)	[na:jɛmni:tsɪ]
vizinho (m)	soused (m)	[sousɛt]
vizinha (f)	sousedka (ž)	[sousɛtka]
vizinhos (pl)	sousedé (m mn)	[sousɛdɛ:]

84. Casa. Portas. Fechaduras

porta (f)	dveře (ž mn)	[dvɛrʒɛ]
portão (m)	vrata (s mn)	[vrata]
maçaneta (f)	klika (ž)	[klɪka]
destrancar (vt)	odemknout	[odɛmknout]
abrir (vt)	otvírat	[otvi:rat]
fechar (vt)	zavírat	[zavi:rat]

chave (f)	klíč (m)	[kli:tʃ]
molho (m)	svazek (m)	[svazɛk]
ranger (vi)	vrzat	[vrzat]
rangido (m)	vrzání (s)	[vrza:ni:]
dobradiça (f)	závěs (m)	[za:ves]
tapete (m) de entrada	kobereček (m)	[kobɛrɛtʃɛk]

fechadura (f)	zámek (m)	[za:mɛk]
buraco (m) da fechadura	klíčová dírka (ž)	[kli:tʃova: di:rka]
ferrolho (m)	závora (ž)	[za:vora]
fecho (ferrolho pequeno)	zástrčka (ž)	[za:strtʃka]
cadeado (m)	visací zámek (m)	[vɪsatsi: za:mɛk]

tocar (vt)	zvonit	[zvonɪt]
toque (m)	zvonění (s)	[zvoneni:]
campainha (f)	zvonek (m)	[zvonɛk]
botão (m)	knoflík (m)	[knofli:k]
batida (f)	klepání (s)	[klɛpa:ni:]
bater (vi)	klepat	[klɛpat]
código (m)	kód (m)	[ko:t]
fechadura (f) de código	kódový zámek (m)	[ko:dovi: za:mɛk]

telefone (m) de porta	domácí telefon (m)	[doma:tsi: tɛlɛfon]
número (m)	číslo (s)	[ʧi:slo]
placa (f) de porta	štítek (m)	[ʃtitɛk]
vigia (f), olho (m) mágico	kukátko (s)	[kuka:tko]

85. Casa de campo

aldeia (f)	venkov (m)	[vɛŋkofʃ]
horta (f)	zelinářská zahrada (ž)	[zɛlɪna:rʃska: zahrada]
cerca (f)	plot (m)	[plot]
paliçada (f)	pletený plot (m)	[plɛtɛni: plot]
cancela (f) do jardim	vrátka (s mn)	[vra:tka]
celeiro (m)	sýpka (ž)	[si:pka]
adega (f)	sklep (m)	[sklɛp]
galpão, barracão (m)	kůlna (ž)	[ku:lna]
poço (m)	studna (ž)	[studna]
fogão (m)	kamna (s mn)	[kamna]
atiçar o fogo	topit	[topɪt]
lenha (carvão ou ~)	dříví (s)	[drʒi:vi:]
acha (lenha)	poleno (s)	[polɛno]
varanda (f)	veranda (ž)	[vɛranda]
alpendre (m)	terasa (ž)	[tɛrasa]
degraus (m pl) de entrada	schody (m mn) před vchodem	[sxodɪ prʃɛd vxodɛm]
balouço (m)	houpačky (ž mn)	[houpaʧkɪ]

86. Castelo. Palácio

castelo (m)	zámek (m)	[za:mɛk]
palácio (m)	palác (m)	[pala:ts]
fortaleza (f)	pevnost (ž)	[pɛvnost]
muralha (f)	zeď (ž)	[zɛtʲ]
torre (f)	věž (ž)	[vɛʃ]
calabouço (m)	hlavní věž (ž)	[hlavni: vɛʃ]
grade (f) levadiça	zvedací vrata (s mn)	[zvɛdatsi: vrata]
passagem (f) subterrânea	podzemní chodba (ž)	[podzɛmni: xodba]
fosso (m)	příkop (m)	[prʃi:kop]
corrente, cadeia (f)	řetěz (m)	[rʒɛtez]
seteira (f)	střílna (ž)	[strʃi:lna]
magnífico	velkolepý	[vɛlkolɛpi:]
majestoso	majestátní	[majɛsta:tni:]
inexpugnável	nedobytný	[nɛdobɪtni:]
medieval	středověký	[strʃɛdoveki:]

87. Apartamento

apartamento (m)	byt (m)	[bɪt]
quarto (m)	pokoj (m)	[pokoj]
quarto (m) de dormir	ložnice (ž)	[loʒnɪtsɛ]
sala (f) de jantar	jídelna (ž)	[ji:dɛlna]
sala (f) de estar	přijímací pokoj (m)	[prʃɪji:matsi: pokoj]
escritório (m)	pracovna (ž)	[pratsovna]
antessala (f)	předsíň (ž)	[prʃɛtsi:nʲ]
quarto (m) de banho	koupelna (ž)	[koupɛlna]
toilette (lavabo)	záchod (m)	[za:xot]
teto (m)	strop (m)	[strop]
chão, soalho (m)	podlaha (ž)	[podlaha]
canto (m)	kout (m)	[kout]

88. Apartamento. Limpeza

arrumar, limpar (vt)	uklízet	[ukli:zɛt]
guardar (no armário, etc.)	odklízet	[otkli:zɛt]
pó (m)	prach (m)	[prax]
empoeirado	zaprášený	[zapra:ʃɛni:]
limpar o pó	utírat prach	[uti:rat prax]
aspirador (m)	vysavač (m)	[vɪsavatʃ]
aspirar (vt)	vysávat	[vɪsa:vat]
varrer (vt)	zametat	[zamɛtat]
sujeira (f)	smetí (s)	[smɛti:]
arrumação (f), ordem (f)	pořádek (m)	[porʒa:dɛk]
desordem (f)	nepořádek (m)	[nɛporʒa:dɛk]
esfregão (m)	mop (m)	[mop]
pano (m), trapo (m)	hadr (m)	[hadr]
vassoura (f)	koště (s)	[koʃtɛ]
pá (f) de lixo	lopatka (ž) na smetí	[lopatka na smɛti:]

89. Mobiliário. Interior

mobiliário (m)	nábytek (m)	[na:bɪtɛk]
mesa (f)	stůl (m)	[stu:l]
cadeira (f)	židle (ž)	[ʒɪdlɛ]
cama (f)	lůžko (s)	[lu:ʃko]
divã (m)	pohovka (ž)	[pohofka]
cadeirão (m)	křeslo (s)	[krʃɛslo]
estante (f)	knihovna (ž)	[knɪhovna]
prateleira (f)	police (ž)	[polɪtsɛ]
guarda-vestidos (m)	skříň (ž)	[skrʃi:nʲ]
cabide (m) de parede	předsíňový věšák (m)	[prʃɛdsi:novi: veʃa:k]

cabide (m) de pé	stojanový věšák (m)	[stojanovi: veʃaːk]
cómoda (f)	prádelník (m)	[praːdɛlni:k]
mesinha (f) de centro	konferenční stolek (m)	[konfɛrɛntʃni: stolɛk]

espelho (m)	zrcadlo (s)	[zrʦadlo]
tapete (m)	koberec (m)	[kobɛrɛʦ]
tapete (m) pequeno	kobereček (m)	[kobɛrɛtʃɛk]

lareira (f)	krb (m)	[krp]
vela (f)	svíce (ž)	[svi:ʦɛ]
castiçal (m)	svícen (m)	[svi:ʦɛn]

cortinas (f pl)	záclony (ž mn)	[za:ʦlonɪ]
papel (m) de parede	tapety (ž mn)	[tapɛtɪ]
estores (f pl)	žaluzie (ž)	[ʒaluzɪe]

candeeiro (m) de mesa	stolní lampa (ž)	[stolni: lampa]
candeeiro (m) de parede	svítidlo (s)	[svi:tɪdlo]
candeeiro (m) de pé	stojací lampa (ž)	[stojaʦi: lampa]
lustre (m)	lustr (m)	[lustr]

pé (de mesa, etc.)	noha (ž)	[noha]
braço (m)	područka (ž)	[podrutʃka]
costas (f pl)	opěradlo (s)	[operadlo]
gaveta (f)	zásuvka (ž)	[za:sufka]

90. Quarto de dormir

roupa (f) de cama	ložní prádlo (s)	[loʒni: pra:dlʊ]
almofada (f)	polštář (m)	[polʃta:rʃ]
fronha (f)	povlak (m) na polštář	[povlak na polʃta:rʒ]
cobertor (m)	deka (ž)	[dɛka]
lençol (m)	prostěradlo (s)	[prosteradlo]
colcha (f)	přikrývka (ž)	[prʃɪkri:fka]

91. Cozinha

cozinha (f)	kuchyně (ž)	[kuxɪne]
gás (m)	plyn (m)	[plɪn]
fogão (m) a gás	plynový sporák (m)	[plɪnovi: spora:k]
fogão (m) elétrico	elektrický sporák (m)	[ɛlɛktrɪʦki: spora:k]
forno (m)	trouba (ž)	[trouba]
forno (m) de micro-ondas	mikrovlnná pec (ž)	[mɪkrovlnna: pɛʦ]

frigorífico (m)	lednička (ž)	[lɛdnɪtʃka]
congelador (m)	mrazicí komora (ž)	[mrazɪʦi: komora]
máquina (f) de lavar louça	myčka (ž) nádobí	[mɪtʃka na:dobi:]

moedor (m) de carne	mlýnek (m) na maso	[mli:nɛk na maso]
espremedor (m)	odšťavňovač (m)	[otʃtʲavnʲovatʃ]
torradeira (f)	opékač (m) topinek	[opɛ:katʃ topɪnɛk]
batedeira (f)	mixér (m)	[mɪksɛ:r]

83

máquina (f) de café	kávovar (m)	[ka:vovar]
cafeteira (f)	konvice (ž) na kávu	[konvɪtsɛ na ka:vu]
moinho (m) de café	mlýnek (m) na kávu	[mli:nɛk na ka:vu]
chaleira (f)	čajník (m)	[tʃajni:k]
bule (m)	čajová konvice (ž)	[tʃajova: konvɪtsɛ]
tampa (f)	poklička (ž)	[poklɪtʃka]
coador (m) de chá	cedítko (s)	[tsɛdi:tko]
colher (f)	lžíce (ž)	[lʒi:tsɛ]
colher (f) de chá	kávová lžička (ž)	[ka:vova: lʒɪtʃka]
colher (f) de sopa	polévková lžíce (ž)	[polɛ:fkova: lʒi:tsɛ]
garfo (m)	vidlička (ž)	[vɪdlɪtʃka]
faca (f)	nůž (m)	[nu:ʃ]
louça (f)	nádobí (s)	[na:dobi:]
prato (m)	talíř (m)	[tali:rʃ]
pires (m)	talířek (m)	[tali:rʒɛk]
cálice (m)	sklenička (ž)	[sklɛnɪtʃka]
copo (m)	sklenice (ž)	[sklɛnɪtsɛ]
chávena (f)	šálek (m)	[ʃa:lɛk]
açucareiro (m)	cukřenka (ž)	[tsukrʃɛŋka]
saleiro (m)	solnička (ž)	[solnɪtʃka]
pimenteiro (m)	pepřenka (ž)	[pɛprʃɛŋka]
manteigueira (f)	nádobka (ž) na máslo	[na:dopka na ma:slo]
panela, caçarola (f)	hrnec (m)	[hrnɛts]
frigideira (f)	pánev (ž)	[pa:nɛf]
concha (f)	naběračka (ž)	[naberatʃka]
passador (m)	cedník (m)	[tsɛdni:k]
bandeja (f)	podnos (m)	[podnos]
garrafa (f)	láhev (ž)	[la:hɛf]
boião (m) de vidro	sklenice (ž)	[sklɛnɪtsɛ]
lata (f)	plechovka (ž)	[plɛxofka]
abre-garrafas (m)	otvírač (m) lahví	[otvi:ratʃ lahvi:]
abre-latas (m)	otvírač (m) konzerv	[otvi:ratʃ konzɛrf]
saca-rolhas (m)	vývrtka (ž)	[vi:vrtka]
filtro (m)	filtr (m)	[fɪltr]
filtrar (vt)	filtrovat	[fɪltrovat]
lixo (m)	odpadky (m mn)	[otpatki:]
balde (m) do lixo	kbelík (m) na odpadky	[gbɛli:k na otpatkɪ]

92. Casa de banho

quarto (m) de banho	koupelna (ž)	[koupɛlna]
água (f)	voda (ž)	[voda]
torneira (f)	kohout (m)	[kohout]
água (f) quente	teplá voda (ž)	[tɛpla: voda]
água (f) fria	studená voda (ž)	[studɛna: voda]

| pasta (f) de dentes | zubní pasta (ž) | [zubni: pasta] |
| escovar os dentes | čistit si zuby | [ʧɪstɪt sɪ zubɪ] |

barbear-se (vr)	holit se	[holɪt sɛ]
espuma (f) de barbear	pěna (ž) na holení	[pena na holɛni:]
máquina (f) de barbear	holicí strojek (m)	[holɪʦi: strojɛk]

lavar (vt)	mýt	[mi:t]
lavar-se (vr)	mýt se	[mi:t sɛ]
duche (m)	sprcha (ž)	[sprxa]
tomar um duche	sprchovat se	[sprxovat sɛ]

banheira (f)	vana (ž)	[vana]
sanita (f)	záchodová mísa (ž)	[za:xodova: mi:sa]
lavatório (m)	umývadlo (s)	[umi:vadlo]

| sabonete (m) | mýdlo (m) | [mi:dlo] |
| saboneteira (f) | miska (ž) na mýdlo | [mɪska na mi:dlo] |

esponja (f)	mycí houba (ž)	[mɪʦi: houba]
champô (m)	šampon (m)	[ʃampon]
toalha (f)	ručník (m)	[ruʧni:k]
roupão (m) de banho	župan (m)	[ʒupan]

lavagem (f)	praní (s)	[prani:]
máquina (f) de lavar	pračka (ž)	[praʧka]
lavar a roupa	prát	[pra:t]
detergente (m)	prací prášek (m)	[praʦi: pra:ʃɛk]

93. Eletrodomésticos

televisor (m)	televizor (m)	[tɛlɛvɪzor]
gravador (m)	magnetofon (m)	[magnɛtofon]
videogravador (m)	videomagnetofon (m)	[vɪdɛomagnɛtofon]
rádio (m)	přijímač (m)	[prʃɪjɪ:maʧ]
leitor (m)	přehrávač (m)	[prʃɛhra:vaʧ]

projetor (m)	projektor (m)	[projɛktor]
cinema (m) em casa	domácí biograf (m)	[doma:ʦi biograf]
leitor (m) de DVD	DVD přehrávač (m)	[dɛvɛdɛ prʃɛhra:vaʧ]
amplificador (m)	zesilovač (m)	[zɛsɪlovaʧ]
console (f) de jogos	hrací přístroj (m)	[hraʦi: prʃi:stroj]

câmara (f) de vídeo	videokamera (ž)	[vɪdɛokamɛra]
máquina (f) fotográfica	fotoaparát (m)	[fotoapara:t]
câmara (f) digital	digitální fotoaparát (m)	[dɪgɪta:lni: fotoapara:t]

aspirador (m)	vysavač (m)	[vɪsavaʧ]
ferro (m) de engomar	žehlička (ž)	[ʒehlɪʧka]
tábua (f) de engomar	žehlicí prkno (s)	[ʒehlɪʦi: prkno]

telefone (m)	telefon (m)	[tɛlɛfon]
telemóvel (m)	mobilní telefon (m)	[mobɪlni: tɛlɛfon]
máquina (f) de escrever	psací stroj (m)	[psaʦi: stroj]

máquina (f) de costura	šicí stroj (m)	[ʃɪtsi: stroj]
microfone (m)	mikrofon (m)	[mɪkrofon]
auscultadores (m pl)	sluchátka (s mn)	[sluxa:tka]
controlo remoto (m)	ovládač (m)	[ovla:datʃ]

CD (m)	CD disk (m)	[tsɛ:dɛ: dɪsk]
cassete (f)	kazeta (ž)	[kazɛta]
disco (m) de vinil	deska (ž)	[dɛska]

94. Reparações. Renovação

renovação (f)	oprava (ž)	[oprava]
renovar (vt), fazer obras	dělat opravu	[delat opravu]
reparar (vt)	opravovat	[opravovat]
consertar (vt)	dávat do pořádku	[da:vat do porʒa:tku]
refazer (vt)	předělávat	[prʃɛdela:vat]

tinta (f)	barva (ž)	[barva]
pintar (vt)	natírat	[nati:rat]
pintor (m)	malíř (m) pokojů	[mali:rʃ pokoju:]
pincel (m)	štětec (m)	[ʃtetɛts]

| cal (f) | omítka (ž) | [omi:tka] |
| caiar (vt) | bílit | [bi:lɪt] |

papel (m) de parede	tapety (ž mn)	[tapɛtɪ]
colocar papel de parede	vytapetovat	[vɪtapɛtovat]
verniz (m)	lak (m)	[lak]
envernizar (vt)	lakovat	[lakovat]

95. Canalizações

água (f)	voda (ž)	[voda]
água (f) quente	teplá voda (ž)	[tɛpla: voda]
água (f) fria	studená voda (ž)	[studɛna: voda]
torneira (f)	kohout (m)	[kohout]

gota (f)	kapka (ž)	[kapka]
gotejar (vi)	kapat	[kapat]
vazar (vt)	téci	[tɛ:tsɪ]
vazamento (m)	tečení (s)	[tɛtʃɛni:]
poça (f)	louže (ž)	[louʒe]

tubo (m)	trubka (ž)	[trupka]
válvula (f)	ventil (m)	[vɛntɪl]
entupir-se (vr)	zacpat se	[zatspat sɛ]

ferramentas (f pl)	nástroje (m mn)	[nastrojɛ]
chave (f) inglesa	stavitelný klíč (m)	[stavɪtɛlni: kli:tʃ]
desenroscar (vt)	ukroutit	[ukroutɪt]
enroscar (vt)	zakroutit	[zakroutɪt]
desentupir (vt)	pročišťovat	[protʃɪʃťovat]

canalizador (m)	instalatér (m)	[ɪnstalatɛ:r]
cave (f)	sklep (m)	[sklɛp]
sistema (m) de esgotos	kanalizace (ž)	[kanalɪzatsɛ]

96. Fogo. Deflagração

incêndio (m)	oheň (m)	[ohɛnʲ]
chama (f)	plamen (m)	[plamɛn]
faísca (f)	jiskra (ž)	[jɪskra]
fumo (m)	kouř (m)	[kourʃ]
tocha (f)	pochodeň (ž)	[poxodɛnʲ]
fogueira (f)	oheň (m)	[ohɛnʲ]

gasolina (f)	benzín (m)	[bɛnzi:n]
querosene (m)	petrolej (m)	[pɛtrolɛj]
inflamável	hořlavý	[horʒlavi:]
explosivo	výbušný	[vi:buʃni:]
PROIBIDO FUMAR!	ZÁKAZ KOUŘENÍ	[za:kaz kourʒɛni:]

segurança (f)	bezpečnost (ž)	[bɛzpɛtʃnost]
perigo (m)	nebezpečí (s)	[nɛbɛzpɛtʃi:]
perigoso	nebezpečný	[nɛbɛzpɛtʃni:]

incendiar-se (vr)	začít hořet	[zatʃi:t horʒɛt]
explosão (f)	výbuch (m)	[vi:bux]
incendiar (vt)	zapálit	[zapa:lɪt]
incendiário (m)	žhář (m)	[ʒha:rʃ]
incêndio (m) criminoso	žhářství (s)	[ʒha:rʃstvi:]

arder (vi)	planout	[planout]
queimar (vi)	hořet	[horʒɛt]
queimar tudo (vi)	shořet	[sxorʒɛt]

bombeiro (m)	hasič (m)	[hasɪtʃ]
carro (m) de bombeiros	hasičské auto (m)	[hasɪtʃske: auto]
corpo (m) de bombeiros	hasičský sbor (m)	[hasɪtʃski: zbor]
escada (f) extensível	požární žebřík (m)	[poʒa:rni: ʒebrʒi:k]

mangueira (f)	hadice (ž)	[hadɪtsɛ]
extintor (m)	hasicí přístroj (m)	[hasɪtsi: prʃi:stroj]
capacete (m)	přilba (ž)	[prʃɪlba]
sirene (f)	houkačka (ž)	[houkatʃka]

gritar (vi)	křičet	[krʃɪtʃɛt]
chamar por socorro	volat o pomoc	[volat o pomots]
salvador (m)	záchranář (m)	[za:xrana:rʃ]
salvar, resgatar (vt)	zachraňovat	[zaxranʲovat]

chegar (vi)	přijet	[prʃɪjɛt]
apagar (vt)	hasit	[hasɪt]
água (f)	voda (ž)	[voda]
areia (f)	písek (m)	[pi:sɛk]
ruínas (f pl)	zřícenina (ž)	[zrʒi:tsɛnɪna]
ruir (vi)	zřítit se	[zrʒi:tɪt sɛ]

| desmoronar (vi) | zhroutit se | [zhroutɪt sɛ] |
| desabar (vi) | zřítit se | [zrʒi:tɪt sɛ] |

| fragmento (m) | úlomek (m) | [u:lomɛk] |
| cinza (f) | popel (m) | [popɛl] |

| sufocar (vi) | udusit se | [udusɪt sɛ] |
| perecer (vi) | zahynout | [zahɪnout] |

ATIVIDADES HUMANAS

Emprego. Negócios. Parte 1

97. Banca

banco (m)	banka (ž)	[baŋka]
sucursal, balcão (f)	pobočka (ž)	[pobotʃka]
consultor (m)	konzultant (m)	[konzultant]
gerente (m)	správce (m)	[spra:vtsɛ]
conta (f)	účet (m)	[u:tʃɛt]
número (m) da conta	číslo (s) účtu	[tʃi:slo u:tʃtu]
conta (f) corrente	běžný účet (m)	[beʒni: u:tʃɛt]
conta (f) poupança	spořitelní účet (m)	[sporʒitɛlni: u:tʃɛt]
abrir uma conta	založit účet	[zaloʒit u:tʃɛt]
fechar uma conta	uzavřít účet	[uzavrʒi:t u:tʃɛt]
depositar na conta	uložit na účet	[uloʒit na u:tʃɛt]
levantar (vt)	vybrat z účtu	[vɪbrat s u:tʃtu]
depósito (m)	vklad (m)	[fklat]
fazer um depósito	uložit vklad	[uloʒit fklat]
transferência (f) bancária	převod (m)	[prʃɛvot]
transferir (vt)	převést	[prʃɛvɛ:st]
soma (f)	částka (ž)	[tʃa:stka]
Quanto?	Kolik?	[kolɪk]
assinatura (f)	podpis (m)	[potpɪs]
assinar (vt)	podepsat	[podɛpsat]
cartão (m) de crédito	kreditní karta (ž)	[krɛdɪtni: karta]
código (m)	kód (m)	[ko:t]
número (m)	číslo (s) kreditní karty	[tʃi:slo krɛdɪtni: kartɪ]
do cartão de crédito		
Caixa Multibanco (m)	bankomat (m)	[baŋkomat]
cheque (m)	šek (m)	[ʃɛk]
passar um cheque	vystavit šek	[vɪstavɪt ʃɛk]
livro (m) de cheques	šeková knížka (ž)	[ʃɛkova: kni:ʃka]
empréstimo (m)	úvěr (m)	[u:ver]
pedir um empréstimo	žádat o úvěr	[ʒa:dat o u:ver]
obter um empréstimo	brát na úvěr	[bra:t na u:ver]
conceder um empréstimo	poskytovat úvěr	[poskɪtovat u:ver]
garantia (f)	kauce (ž)	[kautsɛ]

89

98. Telefone. Conversação telefónica

telefone (m)	telefon (m)	[tɛlɛfon]
telemóvel (m)	mobilní telefon (m)	[mobɪlni: tɛlɛfon]
secretária (f) electrónica	záznamník (m)	[za:znamni:k]
fazer uma chamada	volat	[volat]
chamada (f)	hovor (m), volání (s)	[hovor], [vola:ni:]
marcar um número	vytočit číslo	[vɪtotʃɪt tʃi:slo]
Alô!	Prosím!	[prosi:m]
perguntar (vt)	zeptat se	[zɛptat sɛ]
responder (vt)	odpovědět	[otpovedet]
ouvir (vt)	slyšet	[slɪʃɛt]
bem	dobře	[dobrʒɛ]
mal	špatně	[ʃpatne]
ruído (m)	poruchy (ž mn)	[poruxɪ]
auscultador (m)	sluchátko (s)	[sluxa:tko]
pegar o telefone	vzít sluchátko	[vzi:t sluxa:tko]
desligar (vi)	zavěsit sluchátko	[zavesɪt sluxa:tko]
ocupado	obsazeno	[opsazɛno]
tocar (vi)	zvonit	[zvonɪt]
lista (f) telefónica	telefonní seznam (m)	[tɛlɛfonni: sɛznam]
local	místní	[mi:stni:]
de longa distância	dálkový	[da:lkovi:]
internacional	mezinárodní	[mɛzɪna:rodni:]

99. Telefone móvel

telemóvel (m)	mobilní telefon (m)	[mobɪlni: tɛlɛfon]
ecrã (m)	displej (m)	[dɪsplɛj]
botão (m)	tlačítko (s)	[tlatʃi:tko]
cartão SIM (m)	SIM karta (ž)	[sɪm karta]
bateria (f)	baterie (ž)	[batɛrɪe]
descarregar-se	vybít se	[vɪbi:t sɛ]
carregador (m)	nabíječka (ž)	[nabi:jɛtʃka]
menu (m)	nabídka (ž)	[nabi:tka]
definições (f pl)	nastavení (s)	[nastavɛni:]
melodia (f)	melodie (ž)	[mɛlodɪe]
escolher (vt)	vybrat	[vɪbrat]
calculadora (f)	kalkulačka (ž)	[kalkulatʃka]
correio (m) de voz	hlasová schránka (ž)	[hlasova: sxra:ŋka]
despertador (m)	budík (m)	[budi:k]
contatos (m pl)	telefonní seznam (m)	[tɛlɛfonni: sɛznam]
mensagem (f) de texto	SMS zpráva (ž)	[ɛsɛmɛs spra:va]
assinante (m)	účastník (m)	[u:tʃastni:k]

100. Estacionário

caneta (f)	pero (s)	[pɛro]
caneta (f) tinteiro	plnicí pero (s)	[plnɪtsi: pɛro]
lápis (m)	tužka (ž)	[tuʃka]
marcador (m)	značkovač (m)	[znatʃkovatʃ]
caneta (f) de feltro	fix (m)	[fɪks]
bloco (m) de notas	notes (m)	[notɛs]
agenda (f)	diář (m)	[dɪaːrʃ]
régua (f)	pravítko (s)	[praviːtko]
calculadora (f)	kalkulačka (ž)	[kalkulatʃka]
borracha (f)	guma (ž)	[guma]
pionés (m)	napínáček (m)	[napiːnaːtʃɛk]
clipe (m)	svorka (ž)	[svorka]
cola (f)	lepidlo (s)	[lɛpɪdlo]
agrafador (m)	sešívačka (ž)	[sɛʃiːvatʃka]
furador (m)	dírkovačka (ž)	[diːrkovatʃka]
afia-lápis (m)	ořezávátko (s)	[orʒɛzaːvaːtko]

Emprego. Negócios. Parte 2

101. Media

jornal (m)	noviny (ž mn)	[novɪnɪ]
revista (f)	časopis (m)	[tʃasopɪs]
imprensa (f)	tisk (m)	[tɪsk]
rádio (m)	rozhlas (m)	[rozhlas]
estação (f) de rádio	rozhlasová stanice (ž)	[rozhlasova: stanɪtsɛ]
televisão (f)	televize (ž)	[tɛlɛvɪzɛ]

apresentador (m)	moderátor (m)	[modɛra:tor]
locutor (m)	hlasatel (m)	[hlasatɛl]
comentador (m)	komentátor (m)	[komɛnta:tor]

jornalista (m)	novinář (m)	[novɪna:rʃ]
correspondente (m)	zpravodaj (m)	[spravodaj]
repórter (m) fotográfico	fotožurnalista (m)	[fotoʒurnalɪsta]
repórter (m)	reportér (m)	[rɛportɛ:r]

redator (m)	redaktor (m)	[rɛdaktor]
redator-chefe (m)	šéfredaktor (m)	[ʃɛ:frɛdaktor]

assinar a ...	předplatit si	[prʃɛtplatɪt sɪ]
assinatura (f)	předplacení (s)	[prʃɛtplatsɛni:]
assinante (m)	předplatitel (m)	[prʃɛtplatɪtɛl]
ler (vt)	číst	[tʃi:st]
leitor (m)	čtenář (m)	[tʃtɛna:rʃ]

tiragem (f)	náklad (m)	[na:klat]
mensal	měsíční	[mnesi:tʃni:]
semanal	týdenní	[ti:dɛnni:]
número (jornal, revista)	číslo (s)	[tʃi:slo]
recente	čerstvý	[tʃɛrstvi:]

manchete (f)	titulek (m)	[tɪtulɛk]
pequeno artigo (m)	noticka (ž)	[notɪtska]
coluna (~ semanal)	rubrika (ž)	[rubrɪka]
artigo (m)	článek (m)	[tʃla:nɛk]
página (f)	stránka (ž)	[stra:ŋka]

reportagem (f)	reportáž (ž)	[rɛporta:ʃ]
evento (m)	událost (ž)	[uda:lost]
sensação (f)	senzace (ž)	[sɛnzatsɛ]
escândalo (m)	skandál (m)	[skanda:l]
escandaloso	skandální	[skanda:lni:]
grande	halasný	[halasni:]

programa (m) de TV	pořad (m)	[porʒat]
entrevista (f)	rozhovor (m)	[rozhovor]

| transmissão (f) em direto | přímý přenos (m) | [prʃi:mi: prʃɛnos] |
| canal (m) | kanál (m) | [kana:l] |

102. Agricultura

agricultura (f)	zemědělství (s)	[zɛmnedelstvi:]
camponês (m)	rolník (m)	[rolni:k]
camponesa (f)	rolnice (ž)	[rolnɪtsɛ]
agricultor (m)	farmář (m)	[farma:rʃ]

| trator (m) | traktor (m) | [traktor] |
| ceifeira-debulhadora (f) | kombajn (m) | [kombajn] |

arado (m)	pluh (m)	[plux]
arar (vt)	orat	[orat]
campo (m) lavrado	ornice (ž)	[ornɪtsɛ]
rego (m)	brázda (ž)	[bra:zda]

semear (vt)	sít	[si:t]
semeadora (f)	sečka (ž)	[sɛtʃka]
semeadura (f)	setí (s)	[sɛti:]

| gadanha (f) | kosa (ž) | [kosa] |
| gadanhar (vt) | kosit | [kosɪt] |

| pá (f) | lopata (ž) | [lopata] |
| cavar (vt) | rýt | [ri:t] |

enxada (f)	motyka (ž)	[motɪka]
carpir (vt)	plít	[pli:t]
erva (f) daninha	plevel (m)	[plɛvɛl]

regador (m)	konev (ž)	[konɛf]
regar (vt)	zalévat	[zalɛ:vat]
rega (f)	zalévání (s)	[zalɛ:va:ni:]

| forquilha (f) | vidle (ž mn) | [vɪdlɛ] |
| ancinho (m) | hrábě (ž mn) | [hra:be] |

fertilizante (m)	hnojivo (s)	[hnojɪvo]
fertilizar (vt)	hnojit	[hnojɪt]
estrume (m)	hnůj (m)	[hnu:j]

campo (m)	pole (s)	[polɛ]
prado (m)	louka (ž)	[louka]
horta (f)	zelinářská zahrada (ž)	[zɛlɪna:rʃska: zahrada]
pomar (m)	zahrada (ž)	[zahrada]

pastar (vt)	pást	[pa:st]
pastor (m)	pasák (m)	[pasa:k]
pastagem (f)	pastvina (ž)	[pastvɪna]

| pecuária (f) | živočišná výroba (ž) | [ʒɪvotʃɪʃna: vi:roba] |
| criação (f) de ovelhas | chov (m) ovcí | [xov ovtsi:] |

plantação (f)	plantáž (ž)	[planta:ʃ]
canteiro (m)	záhonek (m)	[za:honɛk]
invernadouro (m)	skleník (m)	[sklɛni:k]

seca (f)	sucho (s)	[suxo]
seco (verão ~)	suchý	[suxi:]

cereais (m pl)	obilniny (ž mn)	[obɪlnɪnɪ]
colher (vt)	sklízet	[skli:zɛt]

moleiro (m)	mlynář (m)	[mlɪna:rʃ]
moinho (m)	mlýn (m)	[mli:n]
moer (vt)	mlít obilí	[mli:t obɪli:]
farinha (f)	mouka (ž)	[mouka]
palha (f)	sláma (ž)	[sla:ma]

103. Construção. Processo de construção

canteiro (m) de obras	staveniště (s)	[stavɛnɪʃte]
construir (vt)	stavět	[stavet]
construtor (m)	stavitel (m)	[stavɪtɛl]

projeto (m)	projekt (m)	[projɛkt]
arquiteto (m)	architekt (m)	[arxɪtɛkt]
operário (m)	dělník (m)	[delni:k]

fundação (f)	základ (m)	[za:klat]
telhado (m)	střecha (ž)	[strʃɛxa]
estaca (f)	pilota (ž)	[pɪlota]
parede (f)	zeď (ž)	[zɛtʲ]

varões (m pl) para betão	armatura (ž)	[armatura]
andaime (m)	lešení (s)	[lɛʃɛni:]

betão (m)	beton (m)	[bɛton]
granito (m)	žula (ž)	[ʒula]
pedra (f)	kámen (m)	[ka:mɛn]
tijolo (m)	cihla (ž)	[ʦɪhla]

areia (f)	písek (m)	[pi:sɛk]
cimento (m)	cement (m)	[ʦɛmɛnt]
emboço (m)	omítka (ž)	[omi:tka]
emboçar (vt)	omítat	[omi:tat]

tinta (f)	barva (ž)	[barva]
pintar (vt)	natírat	[nati:rat]
barril (m)	sud (m)	[sut]

grua (f), guindaste (m)	jeřáb (m)	[jɛrʒa:p]
erguer (vt)	zvedat	[zvɛdat]
baixar (vt)	spouštět	[spouʃtet]

buldózer (m)	buldozer (m)	[buldozɛr]
escavadora (f)	rýpadlo (s)	[ri:padlo]

caçamba (f)	lžíce (ž)	[ʒiːʦɛ]
escavar (vt)	rýt	[riːt]
capacete (m) de proteção	přilba (ž)	[prʃɪlba]

Profissões e ocupações

104. Procura de emprego. Demissão

trabalho (m)	práce (ž)	[pra:tsɛ]
pessoal (m)	personál (m)	[pɛrsona:l]
carreira (f)	kariéra (ž)	[karɪe:ra]
perspetivas (f pl)	vyhlídky (ž mn)	[vɪhli:tkɪ]
mestria (f)	dovednost (ž)	[dovɛdnost]
seleção (f)	výběr (m)	[vi:ber]
agência (f) de emprego	kádrová kancelář (ž)	[ka:drova: kantsɛla:rʃ]
CV, currículo (m)	resumé (s)	[rɛzimɛ:]
entrevista (f) de emprego	pohovor (m)	[pohovor]
vaga (f)	neobsazené místo (s)	[nɛopsazɛnɛ: mi:sto]
salário (m)	plat (m), mzda (ž)	[plat], [mzda]
salário (m) fixo	stálý plat (m)	[sta:li: plat]
pagamento (m)	platba (ž)	[platba]
posto (m)	funkce (ž)	[fuŋktsɛ]
dever (do empregado)	povinnost (ž)	[povɪnnost]
gama (f) de deveres	okruh (m)	[okrux]
ocupado	zaměstnaný	[zamnestnani:]
despedir, demitir (vt)	propustit	[propustɪt]
demissão (f)	propuštění (s)	[propuʃteni:]
desemprego (m)	nezaměstnanost (ž)	[nɛzamnestnanost]
desempregado (m)	nezaměstnaný (m)	[nɛzamnestnani:]
reforma (f)	důchod (m)	[du:xot]
reformar-se	odejít do důchodu	[odɛji:t do du:xodu]

105. Gente de negócios

diretor (m)	ředitel (m)	[rʒɛdɪtɛl]
gerente (m)	správce (m)	[spra:vtsɛ]
patrão, chefe (m)	šéf (m)	[ʃɛ:f]
superior (m)	vedoucí (m)	[vɛdoutsi:]
superiores (m pl)	vedení (s)	[vɛdɛni:]
presidente (m)	prezident (m)	[prɛzɪdɛnt]
presidente (m) de direção	předseda (m)	[prʃɛtsɛda]
substituto (m)	náměstek (m)	[na:mnestɛk]
assistente (m)	pomocník (m)	[pomotsni:k]
secretário (m)	sekretář (m)	[sɛkrɛta:rʃ]

secretário (m) pessoal	osobní sekretář (m)	[osobni: sɛkrɛta:rʃ]
homem (m) de negócios	byznysmen (m)	[bɪznɪsmen]
empresário (m)	podnikatel (m)	[podnɪkatɛl]
fundador (m)	zakladatel (m)	[zakladatɛl]
fundar (vt)	založit	[zaloʒɪt]
fundador, sócio (m)	zakladatel (m)	[zakladatɛl]
parceiro, sócio (m)	partner (m)	[partnɛr]
acionista (m)	akcionář (m)	[aktsɪona:rʃ]
milionário (m)	milionář (m)	[mɪlɪona:rʃ]
bilionário (m)	miliardář (m)	[mɪlɪarda:rʃ]
proprietário (m)	majitel (m)	[majɪtɛl]
proprietário (m) de terras	vlastník (m) půdy	[vlastni:k pu:dɪ]
cliente (m)	klient (m)	[klɪent]
cliente (m) habitual	stálý zákazník (m)	[sta:li: za:kazni:k]
comprador (m)	zákazník (m)	[za:kazni:k]
visitante (m)	návštěvník (m)	[na:vʃtevni:k]
profissional (m)	profesionál (m)	[profɛsɪona:l]
perito (m)	znalec (m)	[znalɛts]
especialista (m)	odborník (m)	[odborni:k]
banqueiro (m)	bankéř (m)	[baŋkɛ:rʃ]
corretor (m)	broker (m)	[brokɛr]
caixa (m, f)	pokladník (m)	[pokladni:k]
contabilista (m)	účetní (m, ž)	[u:tʃɛtni:]
guarda (m)	strážce (m)	[stra:ʒtsɛ]
investidor (m)	investor (m)	[ɪnvɛstor]
devedor (m)	dlužník (m)	[dluʒni:k]
credor (m)	věřitel (m)	[verʒɪtɛl]
mutuário (m)	vypůjčovatel (m)	[vɪpu:jtʃovatɛl]
importador (m)	dovozce (m)	[dovoztsɛ]
exportador (m)	vývozce (m)	[vi:voztsɛ]
produtor (m)	výrobce (m)	[vi:robtsɛ]
distribuidor (m)	distributor (m)	[dɪstrɪbutor]
intermediário (m)	zprostředkovatel (m)	[sprostrʃɛtkovatɛl]
consultor (m)	konzultant (m)	[konzultant]
representante (m)	zástupce (m)	[za:stuptsɛ]
agente (m)	agent (m)	[agɛnt]
agente (m) de seguros	pojišťovací agent (m)	[pojɪʃtʲovatsi: agɛnt]

106. Profissões de serviços

cozinheiro (m)	kuchař (m)	[kuxarʃ]
cozinheiro chefe (m)	šéfkuchař (m)	[ʃɛ:f kuxarʃ]
padeiro (m)	pekař (m)	[pɛkarʃ]
barman (m)	barman (m)	[barman]

| empregado (m) de mesa | číšník (m) | [ʧiːʃniːk] |
| empregada (f) de mesa | číšnice (ž) | [ʧiːʃnɪtsɛ] |

advogado (m)	advokát (m)	[advokaːt]
jurista (m)	právník (m)	[praːvniːk]
notário (m)	notář (m)	[notaːrʃ]

eletricista (m)	elektromontér (m)	[ɛlɛktromontɛːr]
canalizador (m)	instalatér (m)	[ɪnstalatɛːr]
carpinteiro (m)	tesař (m)	[tɛsarʃ]

massagista (m)	masér (m)	[masɛːr]
massagista (f)	masérka (ž)	[masɛːrka]
médico (m)	lékař (m)	[lɛːkarʃ]

taxista (m)	taxikář (m)	[taksɪkaːrʃ]
condutor (automobilista)	řidič (m)	[rʒɪdɪʧ]
entregador (m)	kurýr (m)	[kuriːr]

camareira (f)	pokojská (ž)	[pokojskaː]
guarda (m)	strážce (m)	[straːʒtsɛ]
hospedeira (f) de bordo	letuška (ž)	[lɛtuʃka]

professor (m)	učitel (m)	[uʧɪtɛl]
bibliotecário (m)	knihovník (m)	[knɪhovniːk]
tradutor (m)	překladatel (m)	[prʃɛkladatɛl]
intérprete (m)	tlumočník (m)	[tlumoʧniːk]
guia (pessoa)	průvodce (m)	[pruːvodtsɛ]

cabeleireiro (m)	holič (m), kadeřník (m)	[holɪʧ], [kadɛrʒniːk]
carteiro (m)	listonoš (m)	[lɪstonoʃ]
vendedor (m)	prodavač (m)	[prodavaʧ]

jardineiro (m)	zahradník (m)	[zahradniːk]
criado (m)	sluha (m)	[sluha]
criada (f)	služka (ž)	[sluʃka]
empregada (f) de limpeza	uklízečka (ž)	[ukliːzɛʧka]

107. Profissões militares e postos

soldado (m) raso	vojín (m)	[vojiːn]
sargento (m)	seržant (m)	[sɛrʒant]
tenente (m)	poručík (m)	[poruʧiːk]
capitão (m)	kapitán (m)	[kapɪtaːn]

major (m)	major (m)	[major]
coronel (m)	plukovník (m)	[plukovniːk]
general (m)	generál (m)	[gɛnɛraːl]
marechal (m)	maršál (m)	[marʃaːl]
almirante (m)	admirál (m)	[admɪraːl]

militar (m)	voják (m)	[vojaːk]
soldado (m)	voják (m)	[vojaːk]
oficial (m)	důstojník (m)	[duːstojniːk]

comandante (m)	velitel (m)	[vɛlɪtɛl]
guarda (m) fronteiriço	pohraničník (m)	[pohranɪtʃni:k]
operador (m) de rádio	radista (m)	[radɪsta]
explorador (m)	rozvědčík (m)	[rozvedtʃi:k]
sapador (m)	ženista (m)	[ʒenɪsta]
atirador (m)	střelec (m)	[strʃɛlɛts]
navegador (m)	navigátor (m)	[navɪga:tor]

108. Oficiais. Padres

| rei (m) | král (m) | [kra:l] |
| rainha (f) | královna (ž) | [kra:lovna] |

| príncipe (m) | princ (m) | [prɪnts] |
| princesa (f) | princezna (ž) | [prɪntsɛzna] |

| czar (m) | car (m) | [tsar] |
| czarina (f) | carevna (ž) | [tsarɛvna] |

presidente (m)	prezident (m)	[prɛzɪdɛnt]
ministro (m)	ministr (m)	[mɪnɪstr]
primeiro-ministro (m)	premiér (m)	[prɛmje:r]
senador (m)	senátor (m)	[sɛna:tor]

diplomata (m)	diplomat (m)	[dɪplomat]
cônsul (m)	konzul (m)	[konzul]
embaixador (m)	velvyslanec (m)	[vɛlvɪslanɛts]
conselheiro (m)	rada (m)	[rada]

funcionário (m)	úředník (m)	[u:rʒɛdni:k]
prefeito (m)	prefekt (m)	[prɛfɛkt]
Presidente (m) da Câmara	primátor (m)	[prɪma:tor]

| juiz (m) | soudce (m) | [soudtsɛ] |
| procurador (m) | prokurátor (m) | [prokura:tor] |

missionário (m)	misionář (m)	[mɪsɪona:rʃ]
monge (m)	mnich (m)	[mnɪx]
abade (m)	opat (m)	[opat]
rabino (m)	rabín (m)	[rabi:n]

vizir (m)	vezír (m)	[vɛzi:r]
xá (m)	šach (m)	[ʃax]
xeque (m)	šejk (m)	[ʃɛjk]

109. Profissões agrícolas

apicultor (m)	včelař (m)	[vtʃɛlarʃ]
pastor (m)	pasák (m)	[pasa:k]
agrónomo (m)	agronom (m)	[agronom]
criador (m) de gado	chovatel (m)	[xovatɛl]
veterinário (m)	zvěrolékař (m)	[zverolɛ:karʃ]

agricultor (m)	farmář (m)	[farma:rʃ]
vinicultor (m)	vinař (m)	[vɪnarʃ]
zoólogo (m)	zoolog (m)	[zoolog]
cowboy (m)	kovboj (m)	[kovboj]

110. Profissões artísticas

ator (m)	herec (m)	[hɛrɛʦ]
atriz (f)	herečka (ž)	[hɛrɛtʃka]
cantor (m)	zpěvák (m)	[speva:k]
cantora (f)	zpěvačka (ž)	[spevatʃka]
bailarino (m)	tanečník (m)	[tanɛtʃni:k]
bailarina (f)	tanečnice (ž)	[tanɛtʃnɪʦɛ]
artista (m)	herec (m)	[hɛrɛʦ]
artista (f)	herečka (ž)	[hɛrɛtʃka]
músico (m)	hudebník (m)	[hudɛbni:k]
pianista (m)	klavírista (m)	[klavi:rɪsta]
guitarrista (m)	kytarista (m)	[kɪtarɪsta]
maestro (m)	dirigent (m)	[dɪrɪgɛnt]
compositor (m)	skladatel (m)	[skladatɛl]
empresário (m)	impresário (m)	[ɪmprɛsa:rɪo]
realizador (m)	režisér (m)	[rɛʒɪsɛ:r]
produtor (m)	filmový producent (m)	[fɪlmovi: produʦɛnt]
argumentista (m)	scenárista (m)	[sʦɛna:rɪsta]
crítico (m)	kritik (m)	[krɪtɪk]
escritor (m)	spisovatel (m)	[spɪsovatɛl]
poeta (m)	básník (m)	[ba:sni:k]
escultor (m)	sochař (m)	[soxarʃ]
pintor (m)	malíř (m)	[mali:rʃ]
malabarista (m)	žonglér (m)	[ʒonglɛ:r]
palhaço (m)	klaun (m)	[klaun]
acrobata (m)	akrobat (m)	[akrobat]
mágico (m)	kouzelník (m)	[kouzɛlni:k]

111. Várias profissões

médico (m)	lékař (m)	[lɛ:karʃ]
enfermeira (f)	zdravotní sestra (ž)	[zdravotni: sɛstra]
psiquiatra (m)	psychiatr (m)	[psɪxɪatr]
estomatologista (m)	stomatolog (m)	[stomatolog]
cirurgião (m)	chirurg (m)	[xɪrurg]
astronauta (m)	astronaut (m)	[astronaut]
astrónomo (m)	astronom (m)	[astronom]

motorista (m)	řidič (m)	[rʒɪdɪtʃ]
maquinista (m)	strojvůdce (m)	[strojvu:dtsɛ]
mecânico (m)	mechanik (m)	[mɛxanɪk]

mineiro (m)	horník (m)	[horni:k]
operário (m)	dělník (m)	[delni:k]
serralheiro (m)	zámečník (m)	[za:mɛtʃni:k]
marceneiro (m)	truhlář (m)	[truhla:rʃ]
torneiro (m)	soustružník (m)	[soustruʒni:k]
construtor (m)	stavitel (m)	[stavɪtɛl]
soldador (m)	svářeč (m)	[sva:rʒɛtʃ]

professor (m) catedrático	profesor (m)	[profɛsor]
arquiteto (m)	architekt (m)	[arxɪtɛkt]
historiador (m)	historik (m)	[hɪstorɪk]
cientista (m)	vědec (m)	[vedɛts]
físico (m)	fyzik (m)	[fɪzɪk]
químico (m)	chemik (m)	[xɛmɪk]

arqueólogo (m)	archeolog (m)	[arxɛolog]
geólogo (m)	geolog (m)	[gɛolog]
pesquisador (cientista)	výzkumník (m)	[vi:skumni:k]

| babysitter (f) | chůva (ž) | [xu:va] |
| professor (m) | pedagog (m) | [pɛdagog] |

redator (m)	redaktor (m)	[rɛdaktor]
redator-chefe (m)	šéfredaktor (m)	[ʃɛ:frɛdaktor]
correspondente (m)	zpravodaj (m)	[spravodaj]
daillóyrafa (f)	písařka (ž)	[pi:sarʃka]

designer (m)	návrhář (m)	[na:vrha:rʃ]
especialista (m) em informática	odborník (m) na počítače	[odborni:k na potʃi:tatʃɛ]
programador (m)	programátor (m)	[programa:tor]
engenheiro (m)	inženýr (m)	[ɪnʒeni:r]

marujo (m)	námořník (m)	[na:morʒni:k]
marinheiro (m)	námořník (m)	[na:morʒni:k]
salvador (m)	záchranář (m)	[za:xrana:rʃ]

bombeiro (m)	hasič (m)	[hasɪtʃ]
polícia (m)	policista (m)	[polɪtsɪsta]
guarda-noturno (m)	hlídač (m)	[hli:datʃ]
detetive (m)	detektiv (m)	[dɛtɛktɪf]

funcionário (m) da alfândega	celník (m)	[tsɛlni:k]
guarda-costas (m)	osobní strážce (m)	[osobni: stra:ʒtsɛ]
guarda (m) prisional	dozorce (m)	[dozortsɛ]
inspetor (m)	inspektor (m)	[ɪnspɛktor]

desportista (m)	sportovec (m)	[sportovɛts]
treinador (m)	trenér (m)	[trɛnɛ:r]
talhante (m)	řezník (m)	[rʒɛzni:k]
sapateiro (m)	obuvník (m)	[obuvni:k]
comerciante (m)	obchodník (m)	[obxodni·k]

101

carregador (m)	nakládač (m)	[nakla:datʃ]
estilista (m)	modelář (m)	[modɛla:rʃ]
modelo (f)	modelka (ž)	[modɛlka]

112. Ocupações. Estatuto social

| aluno, escolar (m) | žák (m) | [ʒa:k] |
| estudante (~ universitária) | student (m) | [studɛnt] |

filósofo (m)	filozof (m)	[fɪlozof]
economista (m)	ekonom (m)	[ɛkonom]
inventor (m)	vynálezce (m)	[vɪna:lɛztsɛ]

desempregado (m)	nezaměstnaný (m)	[nɛzamnestnani:]
reformado (m)	důchodce (m)	[du:xodtsɛ]
espião (m)	špión (m)	[ʃpɪo:n]

preso (m)	vězeň (m)	[vezɛnʲ]
grevista (m)	stávkující (m)	[sta:fkuji:tsi:]
burocrata (m)	byrokrat (m)	[bɪrokrat]
viajante (m)	cestovatel (m)	[tsɛstovatɛl]

| homossexual (m) | homosexuál (m) | [homosɛksua:l] |
| hacker (m) | hacker (m) | [hɛkr] |

bandido (m)	bandita (m)	[bandɪta]
assassino (m) a soldo	najatý vrah (m)	[najati: vrax]
toxicodependente (m)	narkoman (m)	[narkoman]
traficante (m)	drogový dealer (m)	[drogovi: di:lɛr]
prostituta (f)	prostitutka (ž)	[prostɪtutka]
chulo (m)	kuplíř (m)	[kupli:rʃ]

bruxo (m)	čaroděj (m)	[tʃarodej]
bruxa (f)	čarodějka (ž)	[tʃarodejka]
pirata (m)	pirát (m)	[pɪra:t]
escravo (m)	otrok (m)	[otrok]
samurai (m)	samuraj (m)	[samuraj]
selvagem (m)	divoch (m)	[dɪvox]

Desportos

113. Tipos de desportos. Desportistas

desportista (m)	sportovec (m)	[sportovɛts]
tipo (m) de desporto	sportovní disciplína (ž)	[sportovni: dɪsŧsɪpli:na]
basquetebol (m)	basketbal (m)	[baskɛtbal]
jogador (m) de basquetebol	basketbalista (m)	[baskɛtbalɪsta]
beisebol (m)	baseball (m)	[bɛjzbol]
jogador (m) de beisebol	hráč (m) baseballu	[hra:ʧ bɛjzbolu]
futebol (m)	fotbal (m)	[fotbal]
futebolista (m)	fotbalista (m)	[fotbalɪsta]
guarda-redes (m)	brankář (m)	[braŋka:rʃ]
hóquei (m)	hokej (m)	[hokɛj]
jogador (m) de hóquei	hokejista (m)	[hokɛjɪsta]
voleibol (m)	volejbal (m)	[volɛjbal]
jogador (m) de voleibol	volejbalista (m)	[volɛjbalɪsta]
boxe (m)	box (m)	[boks]
boxeador, pugilista (m)	boxer (m)	[bôksɛr]
luta (f)	zápas (m)	[za:pas]
lutador (m)	zápasník (m)	[za:pasni:k]
karaté (m)	karate (s)	[karatɛ]
karateca (m)	karatista (m)	[karatɪsta]
judo (m)	džudo (s)	[ʤudo]
judoca (m)	džudista (m)	[ʤudɪsta]
ténis (m)	tenis (m)	[tɛnɪs]
tenista (m)	tenista (m)	[tɛnɪsta]
natação (f)	plavání (s)	[plava:ni:]
nadador (m)	plavec (m)	[plavɛts]
esgrima (f)	šerm (m)	[ʃɛrm]
esgrimista (m)	šermíř (m)	[ʃɛrmi:rʃ]
xadrez (m)	šachy (m mn)	[ʃaxɪ]
xadrezista (m)	šachista (m)	[ʃaxɪsta]
alpinismo (m)	horolezectví (s)	[horolɛzɛtstvi:]
alpinista (m)	horolezec (m)	[horolɛzɛts]
corrida (f)	běh (m)	[bex]

corredor (m)	běžec (m)	[beʒeʦ]
atletismo (m)	lehká atletika (ž)	[lɛhka: atlɛtɪka]
atleta (m)	atlet (m)	[atlɛt]

| hipismo (m) | jízda (ž) na koni | [ji:zda na konɪ] |
| cavaleiro (m) | jezdec (m) | [jɛzdɛʦ] |

patinagem (f) artística	krasobruslení (s)	[krasobruslɛni:]
patinador (m)	krasobruslař (m)	[krasobruslarʃ]
patinadora (f)	krasobruslařka (ž)	[krasobruslarʃka]

| halterofilismo (m) | těžká atletika (ž) | [teʃka: atlɛtɪka] |
| halterofilista (m) | vzpěrač (m) | [vsperaʧ] |

| corrida (f) de carros | automobilové závody (m mn) | [automobɪlovɛ: za:vodɪ] |
| piloto (m) | závodník (m) | [za:vodni:k] |

| ciclismo (m) | cyklistika (ž) | [ʦɪklɪstɪka] |
| ciclista (m) | cyklista (m) | [ʦɪklɪsta] |

salto (m) em comprimento	daleké skoky (m mn)	[dalɛkɛ: skokɪ]
salto (m) à vara	skoky (m mn) o tyči	[skokɪ o tɪʧɪ]
atleta (m) de saltos	skokan (m)	[skokan]

114. Tipos de desportos. Diversos

futebol (m) americano	americký fotbal (m)	[amerɪʦki: fotbal]
badminton (m)	badminton (m)	[badmɪnton]
biatlo (m)	biatlon (m)	[bɪatlon]
bilhar (m)	kulečník (m)	[kulɛʧni:k]

bobsled (m)	bobový sport (m)	[bobovi: sport]
musculação (f)	kulturistika (ž)	[kulturɪstɪka]
polo (m) aquático	vodní pólo (s)	[vodni: po:lo]
andebol (m)	házená (ž)	[ha:zɛna:]
golfe (m)	golf (m)	[golf]

remo (m)	veslování (s)	[vɛslova:ni:]
mergulho (m)	potápění (s)	[pota:peni:]
corrida (f) de esqui	lyžařské závody (m mn)	[lɪʒarʃkɛ: za:vodɪ]
ténis (m) de mesa	stolní tenis (m)	[stolni: tɛnɪs]

vela (f)	plachtění (s)	[plaxteni:]
rali (m)	rallye (s)	[rali:]
râguebi (m)	ragby (s)	[ragbɪ]
snowboard (m)	snowboarding (m)	[snoubordɪŋk]
tiro (m) com arco	lukostřelba (ž)	[lukostrʃɛlba]

115. Ginásio

| barra (f) | vzpěračská činka (ž) | [vsperaʧska: ʧɪŋka] |
| halteres (m pl) | činky (ž mn) | [ʧɪŋkɪ] |

aparelho (m) de musculaçao	trenažér (m)	[trɛnaʒeːr]
bicicleta (f) ergométrica	kolový trenažér (m)	[kolovi: trɛnaʒeːr]
passadeira (f) de corrida	běžecký pás (m)	[beʒetski: paːs]

barra (f) fixa	hrazda (ž)	[hrazda]
barras (f) paralelas	bradla (s mn)	[bradla]
cavalo (m)	kůň (m)	[kuːnʲ]
tapete (m) de ginástica	žíněnka (ž)	[ʒiːneŋka]

| aeróbica (f) | aerobik (m) | [aɛrobɪk] |
| ioga (f) | jóga (ž) | [joːga] |

116. Desportos. Diversos

Jogos (m pl) Olímpicos	Olympijské hry (ž mn)	[olɪmpɪjskɛ: hrɪ]
vencedor (m)	vítěz (m)	[viːtez]
vencer (vi)	vítězit	[viːtezɪt]
vencer, ganhar (vi)	vyhrát	[vɪhraːt]

| líder (m) | vůdce (m) | [vuːdtsɛ] |
| liderar (vt) | vést | [vɛːst] |

primeiro lugar (m)	první místo (s)	[prvni: miːsto]
segundo lugar (m)	druhé místo (s)	[druhɛ: miːsto]
terceiro lugar (m)	třetí místo (s)	[trʃɛti: miːsto]

medalha (f)	medaile (ž)	[mɛdajlɛ]
troféu (m)	trofej (ž)	[trofɛj]
taça (f)	pohár (m)	[pohaːr]
prémio (m)	cena (ž)	[tsɛna]
prémio (m) principal	hlavní cena (ž)	[hlavni: tsɛna]

| recorde (m) | rekord (m) | [rɛkort] |
| estabelecer um recorde | vytvořit rekord | [vɪtvorʒɪt rɛkort] |

| final (m) | finále (s) | [fɪnaːlɛ] |
| final | finální | [fɪnaːlni:] |

| campeão (m) | mistr (m) | [mɪstr] |
| campeonato (m) | mistrovství (s) | [mɪstrovstviː] |

estádio (m)	stadión (m)	[stadɪoːn]
bancadas (f pl)	tribuna (ž)	[trɪbuna]
fã, adepto (m)	fanoušek (m)	[fanouʃek]
adversário (m)	soupeř (m)	[soupɛrʃ]

| partida (f) | start (m) | [start] |
| chegada, meta (f) | cíl (m) | [tsiːl] |

| derrota (f) | prohra (ž) | [prohra] |
| perder (vt) | prohrát | [prohraːt] |

| árbitro (m) | rozhodčí (m) | [rozhodtʃiː] |
| júri (m) | porota, jury (ž) | [porota], [ʒiri] |

resultado (m)	skóre (s)	[sko:rɛ]
empate (m)	remíza (ž)	[rɛmi:za]
empatar (vi)	remizovat	[rɛmɪzovat]
ponto (m)	bod (m)	[bot]
resultado (m) final	výsledek (m)	[vi:slɛdɛk]

intervalo (m)	poločas (m)	[poloʧas]
doping (m)	doping (m)	[dopɪŋk]
penalizar (vt)	trestat	[trɛstat]
desqualificar (vt)	diskvalifikovat	[dɪskvalɪfɪkovat]

aparelho (m)	nářadí (s)	[na:rʒadi:]
dardo (m)	oštěp (m)	[oʃtep]
peso (m)	koule (ž)	[koulɛ]
bola (f)	koule (ž)	[koulɛ]

alvo, objetivo (m)	cíl (m)	[ʦi:l]
alvo (~ de papel)	terč (m)	[tɛrʧ]
atirar, disparar (vi)	střílet	[strʃi:lɛt]
preciso (tiro ~)	přesný	[prʃɛsni:]

treinador (m)	trenér (m)	[trɛnɛ:r]
treinar (vt)	trénovat	[trɛ:novat]
treinar-se (vr)	trénovat	[trɛ:novat]
treino (m)	trénink (m)	[trɛ:nɪŋk]

ginásio (m)	tělocvična (ž)	[teloʦvɪʧna]
exercício (m)	cvičení (s)	[ʦvɪʧɛni:]
aquecimento (m)	rozcvička (ž)	[roʦʦvɪʧka]

Educação

117. Escola

escola (f)	škola (ž)	[ʃkola]
diretor (m) de escola	ředitel (m) školy	[rʒɛdɪtɛl ʃkolɪ]

aluno (m)	žák (m)	[ʒaːk]
aluna (f)	žákyně (ž)	[ʒaːkɪne]
escolar (m)	žák (m)	[ʒaːk]
escolar (f)	žákyně (ž)	[ʒaːkɪne]

ensinar (vt)	učit	[utʃɪt]
aprender (vt)	učit se	[utʃɪt sɛ]
aprender de cor	učit se nazpaměť	[utʃɪt sɛ naspamnetⁱ]

estudar (vi)	učit se	[utʃɪt sɛ]
andar na escola	chodí za školu	[xodiː za ʃkolu]
ir à escola	jít do školy	[jiːt do ʃkolɪ]

alfabeto (m)	abeceda (ž)	[abɛtsɛda]
disciplina (f)	předmět (m)	[prʃɛdmnet]

sala (f) de aula	třída (ž)	[trʃiːda]
lição (f)	hodina (ž)	[hodɪna]
recreio (m)	přestávka (ž)	[prʃɛstaːfka]

toque (m)	zvonění (s)	[zvoneni:]
carteira (f)	školní lavice (ž)	[ʃkolni: lavɪtsɛ]
quadro (m) negro	tabule (ž)	[tabulɛ]

nota (f)	známka (ž)	[znaːmka]
boa nota (f)	dobrá známka (ž)	[dobra: znaːmka]
nota (f) baixa	špatná známka (ž)	[ʃpatna: znaːmka]
dar uma nota	dávat známku	[da:vat znaːmku]

erro (m)	chyba (ž)	[xɪba]
fazer erros	dělat chyby	[delat xɪbɪ]
corrigir (vt)	opravovat	[opravovat]
cábula (f)	tahák (m)	[taha:k]

dever (m) de casa	domácí úloha (ž)	[doma:tsi: u:loha]
exercício (m)	cvičení (s)	[tsvɪtʃɛni:]

estar presente	být přítomen	[bi:t prʃi:tomɛn]
estar ausente	chybět	[xɪbet]

punir (vt)	trestat	[trɛstat]
punição (f)	trest (m)	[trɛst]
comportamento (m)	chování (s)	[xova:ni:]

boletim (m) escolar	žákovská knížka (ž)	[ʒaːkovska: kniːʃka]
lápis (m)	tužka (ž)	[tuʃka]
borracha (f)	guma (ž)	[guma]
giz (m)	křída (ž)	[krʃiːda]
estojo (m)	penál (m)	[pɛnaːl]

pasta (f) escolar	brašna (ž)	[braʃna]
caneta (f)	pero (s)	[pɛro]
caderno (m)	sešit (m)	[sɛʃɪt]
manual (m) escolar	učebnice (ž)	[utʃɛbnɪtsɛ]
compasso (m)	kružidlo (s)	[kruʒɪdlo]

traçar (vt)	rýsovat	[riːsovat]
desenho (m) técnico	výkres (m)	[viːkrɛs]

poesia (f)	báseň (ž)	[baːsɛnʲ]
de cor	nazpaměť	[naspamnetʲ]
aprender de cor	učit se nazpaměť	[utʃɪt sɛ naspamnetʲ]

férias (f pl)	prázdniny (ž mn)	[praːzdnɪnɪ]
estar de férias	mít prázdniny	[miːt praːzdnɪnɪ]

teste (m)	písemka (ž)	[piːsɛmka]
composição, redação (f)	sloh (m)	[slox]
ditado (m)	diktát (m)	[dɪktaːt]

exame (m)	zkouška (ž)	[skouʃka]
fazer exame	dělat zkoušky	[delat skouʃkɪ]
experiência (~ química)	pokus (m)	[pokus]

118. Colégio. Universidade

academia (f)	akademie (ž)	[akadɛmɪe]
universidade (f)	univerzita (ž)	[unɪvɛrzɪta]
faculdade (f)	fakulta (ž)	[fakulta]

estudante (m)	student (m)	[studɛnt]
estudante (f)	studentka (ž)	[studɛntka]
professor (m)	vyučující (m)	[vɪutʃujiːtsi:]

sala (f) de palestras	posluchárna (ž)	[posluxaːrna]
graduado (m)	absolvent (m)	[apsolvɛnt]

diploma (m)	diplom (m)	[dɪplom]
tese (f)	disertace (ž)	[dɪsɛrtatsɛ]

estudo (obra)	bádání (s)	[baːdaːniː]
laboratório (m)	laboratoř (ž)	[laboratorʃ]

palestra (f)	přednáška (ž)	[prʃɛdnaːʃka]
colega (m) de curso	spolužák (m)	[spoluʒaːk]

bolsa (f) de estudos	stipendium (s)	[stɪpɛndɪum]
grau (m) académico	akademická hodnost (ž)	[akadɛmɪtska: hodnost]

119. Ciências. Disciplinas

matemática (f)	matematika (ž)	[matɛmatɪka]
álgebra (f)	algebra (ž)	[algɛbra]
geometria (f)	geometrie (ž)	[gɛomɛtrɪe]
astronomia (f)	astronomie (ž)	[astronomɪe]
biologia (f)	biologie (ž)	[bɪologɪe]
geografia (f)	zeměpis (m)	[zɛmnepɪs]
geologia (f)	geologie (ž)	[gɛologɪe]
história (f)	historie (ž)	[hɪstorɪe]
medicina (f)	lékařství (s)	[lɛːkarʃstviː]
pedagogia (f)	pedagogika (ž)	[pɛdagogɪka]
direito (m)	právo (s)	[praːvo]
física (f)	fyzika (ž)	[fɪzɪka]
química (f)	chemie (ž)	[xɛmɪe]
filosofia (f)	filozofie (ž)	[fɪlozofɪe]
psicologia (f)	psychologie (ž)	[psɪxologɪe]

120. Sistema de escrita. Ortografia

gramática (f)	mluvnice (ž)	[mluvnɪtsɛ]
vocabulário (m)	slovní zásoba (ž)	[slovni: zaːsoba]
fonética (f)	hláskosloví (s)	[hlaːskoslovi:]
substantivo (m)	podstatné jméno (s)	[potstaːtnɛː jmɛːno]
adjetivo (m)	přídavné jméno (s)	[prʃiːdavnɛ: jmɛ:no]
verbo (m)	sloveso (s)	[slovɛso]
advérbio (m)	příslovce (s)	[prʃi:slovtsɛ]
pronome (m)	zájmeno (s)	[za:jmɛno]
interjeição (f)	citoslovce (s)	[tsɪtoslovtsɛ]
preposição (f)	předložka (ž)	[prʃɛdloʃka]
raiz (f) da palavra	slovní základ (m)	[slovni: za:klat]
terminação (f)	koncovka (ž)	[kontsofka]
prefixo (m)	předpona (ž)	[prʃɛtpona]
sílaba (f)	slabika (ž)	[slabɪka]
sufixo (m)	přípona (ž)	[prʃi:pona]
acento (m)	přízvuk (m)	[prʃi:zvuk]
apóstrofo (m)	odsuvník (m)	[otsuvni:k]
ponto (m)	tečka (ž)	[tɛtʃka]
vírgula (f)	čárka (ž)	[tʃa:rka]
ponto e vírgula (m)	středník (m)	[strʃɛdni:k]
dois pontos (m pl)	dvojtečka (ž)	[dvojtɛtʃka]
reticências (f pl)	tři tečky (ž mn)	[trʃɪ tɛtʃkɪ]
ponto (m) de interrogação	otazník (m)	[otazni:k]
ponto (m) de exclamação	vykřičník (m)	[vɪkrʃɪtʃni:k]

aspas (f pl)	uvozovky (ž mn)	[uvozofkɪ]
entre aspas	v uvozovkách	[f uvozofka:x]
parênteses (m pl)	závorky (ž mn)	[za:vorkɪ]
entre parênteses	v závorkách	[v za:vorkax]

hífen (m)	spojovník (m)	[spojovni:k]
travessão (m)	pomlčka (ž)	[pomltʃka]
espaço (m)	mezera (ž)	[mɛzɛra]

| letra (f) | písmeno (s) | [pi:smɛno] |
| letra (f) maiúscula | velké písmeno (s) | [vɛlkɛ: pi:smɛno] |

| vogal (f) | samohláska (ž) | [samohla:ska] |
| consoante (f) | souhláska (ž) | [souhla:ska] |

frase (f)	věta (ž)	[veta]
sujeito (m)	podmět (m)	[podmnet]
predicado (m)	přísudek (m)	[prʃi:sudɛk]

linha (f)	řádek (m)	[rʒa:dɛk]
em uma nova linha	z nového řádku	[z novɛ:ho rʒa:tku]
parágrafo (m)	odstavec (m)	[otstavɛts]

palavra (f)	slovo (s)	[slovo]
grupo (m) de palavras	slovní spojení (s)	[slovni: spojɛni:]
expressão (f)	výraz (m)	[vi:raz]
sinónimo (m)	synonymum (s)	[sɪnonɪmum]
antónimo (m)	antonymum (s)	[antonɪmum]

regra (f)	pravidlo (s)	[pravɪdlo]
exceção (f)	výjimka (ž)	[vi:jɪmka]
correto	správný	[spra:vni:]

conjugação (f)	časování (s)	[tʃasova:ni:]
declinação (f)	skloňování (s)	[sklonʲova:ni:]
caso (m)	pád (m)	[pa:t]
pergunta (f)	otázka (ž)	[ota:ska]
sublinhar (vt)	podtrhnout	[podtrhnout]
linha (f) pontilhada	tečkování (s)	[tɛtʃkova:ni:]

121. Línguas estrangeiras

língua (f)	jazyk (m)	[jazɪk]
língua (f) estrangeira	cizí jazyk (m)	[tsɪzi: jazɪk]
estudar (vt)	studovat	[studovat]
aprender (vt)	učit se	[utʃɪt sɛ]

ler (vt)	číst	[tʃi:st]
falar (vi)	mluvit	[mluvɪt]
compreender (vt)	rozumět	[rozumnet]
escrever (vt)	psát	[psa:t]

| rapidamente | rychle | [rɪxlɛ] |
| devagar | pomalu | [pomalu] |

fluentemente	plynně	[plɪnne]
regras (f pl)	pravidla (s mn)	[pravɪdla]
gramática (f)	mluvnice (ž)	[mluvnɪtsɛ]
vocabulário (m)	slovní zásoba (ž)	[slovni: za:soba]
fonética (f)	hláskosloví (s)	[hla:skoslovi:]

manual (m) escolar	učebnice (ž)	[utʃɛbnɪtsɛ]
dicionário (m)	slovník (m)	[slovni:k]
manual (m) de autoaprendizagem	učebnice (ž) pro samouky	[utʃɛbnɪtsɛ pro samoukɪ]
guia (m) de conversação	konverzace (ž)	[konvɛrzatsɛ]

cassete (f)	kazeta (ž)	[kazɛta]
vídeo cassete (m)	videokazeta (ž)	[vɪdɛokazɛta]
CD (m)	CD disk (m)	[tsɛ:dɛ: dɪsk]
DVD (m)	DVD (s)	[dɛvɛdɛ]

alfabeto (m)	abeceda (ž)	[abɛtsɛda]
soletrar (vt)	hláskovat	[hla:skovat]
pronúncia (f)	výslovnost (ž)	[vi:slovnost]

sotaque (m)	cizí přízvuk (m)	[tsɪzi: prʃi:zvuk]
com sotaque	s cizím přízvukem	[s tsɪzi:m prʃi:zvukɛm]
sem sotaque	bez cizího přízvuku	[bɛz tsɪzi:ho prʃi:zvuku]

palavra (f)	slovo (s)	[slovo]
sentido (m)	smysl (m)	[smɪsl]

cursos (m pl)	kurzy (m mn)	[kurzɪ]
Inscrever-se (vi)	zapsat se	[zapsat sɛ]
professor (m)	vyučující (m)	[vɪutʃuji:tsi:]

tradução (processo)	překlad (m)	[prʃɛklat]
tradução (texto)	překlad (m)	[prʃɛklat]
tradutor (m)	překladatel (m)	[prʃɛkladatɛl]
intérprete (m)	tlumočník (m)	[tlumotʃni:k]

poliglota (m)	polyglot (m)	[polɪglot]
memória (f)	paměť (ž)	[pamnetʲ]

122. Personagens de contos de fadas

Pai (m) Natal	svatý Mikuláš (m)	[svati: mɪkula:ʃ]
sereia (f)	rusalka (ž)	[rusalka]

mago (m)	čaroděj (m)	[tʃarodej]
fada (f)	čarodějka (ž)	[tʃarodejka]
mágico	čarodějný	[tʃarodejni:]
varinha (f) mágica	čarovný proutek (m)	[tʃarovni: proutɛk]

conto (m) de fadas	pohádka (ž)	[poha:tka]
milagre (m)	zázrak (m)	[za:zrak]
anão (m)	gnóm (m)	[gno:m]
transformar-se em ...	proměnil se	[promnenɪt sʀ]

fantasma (m)	přízrak (m)	[prʃiːzrak]
espetro (m)	přízrak (m)	[prʃiːzrak]
monstro (m)	příšera (ž)	[prʃiːʃɛra]
dragão (m)	drak (m)	[drak]
gigante (m)	obr (m)	[obr]

123. Signos do Zodíaco

Carneiro	Skopec (m)	[skopɛts]
Touro	Býk (m)	[biːk]
Gémeos	Blíženci (m mn)	[bliːʒentsɪ]
Caranguejo	Rak (m)	[rak]
Leão	Lev (m)	[lɛf]
Virgem (f)	Panna (ž)	[panna]

Balança	Váhy (ž mn)	[vaːhɪ]
Escorpião	Štír (m)	[ʃtiːr]
Sagitário	Střelec (m)	[strʃɛlɛts]
Capricórnio	Kozorožec (m)	[kozoroʒets]
Aquário	Vodnář (m)	[vodnaːrʃ]
Peixes	Ryby (ž mn)	[rɪbɪ]

caráter (m)	povaha (ž)	[povaha]
traços (m pl) do caráter	povahové vlastnosti (ž mn)	[povahovɛː vlastnostɪ]
comportamento (m)	chování (s)	[xovaːniː]
predizer (vt)	hádat	[haːdat]
adivinha (f)	věštkyně (ž)	[veʃtkɪne]
horóscopo (m)	horoskop (m)	[horoskop]

Artes

124. Teatro

teatro (m)	divadlo (s)	[dɪvadlo]
ópera (f)	opera (ž)	[opɛra]
opereta (f)	opereta (ž)	[opɛrɛta]
balé (m)	balet (m)	[balɛt]

cartaz (m)	plakát (m)	[plaka:t]
companhia (f) teatral	soubor (m)	[soubor]
turné (digressão)	pohostinská vystoupení (s mn)	[pohostɪnska: vɪstoupɛni:]
estar em turné	hostovat	[hostovat]
ensaiar (vt)	zkoušet	[skouʃɛt]
ensaio (m)	zkouška (ž)	[skouʃka]
repertório (m)	repertoár (m)	[rɛpɛrtoa:r]

apresentação (f)	představení (s)	[prʃɛtstavɛni:]
espetáculo (m)	hra (ž)	[hra]
peça (f)	hra (ž)	[hra]

bilhete (m)	vstupenka (ž)	[vstupɛŋka]
bilheteira (f)	pokladna (ž)	[pokladna]
hall (m)	vestibul (m)	[vɛstɪbul]
guarda-roupa (m)	šatna (ž)	[ʃatna]
senha (f) numerada	lístek (m) s číslem	[li:stɛk s tʃi:slem]
binóculo (m)	kukátko (s)	[kuka:tko]
lanterninha (m)	uvaděčka (ž)	[uvadetʃka]

plateia (f)	přízemí (s)	[prʃizɛmi:]
balcão (m)	balkón (m)	[balko:n]
primeiro balcão (m)	první balkón (m)	[prvni: balko:n]
camarote (m)	lóže (ž)	[lo:ʒe]
fila (f)	řada (ž)	[rʒada]
assento (m)	místo (s)	[mi:sto]

público (m)	obecenstvo (s)	[obɛtsɛnstvo]
espetador (m)	divák (m)	[dɪva:k]
aplaudir (vt)	tleskat	[tlɛskat]
aplausos (m pl)	potlesk (m)	[potlɛsk]
ovação (f)	ovace (ž)	[ovatsɛ]

palco (m)	jeviště (s)	[jɛvɪʃte]
pano (m) de boca	opona (ž)	[opona]
cenário (m)	dekorace (ž)	[dɛkoratsɛ]
bastidores (m pl)	kulisy (ž mn)	[kulɪsɪ]
cena (f)	scéna (ž)	[stsɛ:na]
ato (m)	jednání (s)	[jɛdna:ni:]
entreato (m)	přestávka (ž)	[prʃɛsta:fka]

125. Cinema

ator (m)	herec (m)	[hɛrɛts]
atriz (f)	herečka (ž)	[hɛrɛtʃka]
cinema (m)	kinematografie (ž)	[kɪnɛmatografɪe]
filme (m)	film (m)	[fɪlm]
episódio (m)	díl (m)	[di:l]
filme (m) policial	detektivka (ž)	[dɛtɛktɪfka]
filme (m) de ação	akční film (m)	[aktʃni: fɪlm]
filme (m) de aventuras	dobrodružný film (m)	[dobrodruʒni: fɪlm]
filme (m) de ficção científica	vědecko-fantastický film (m)	[vɛdɛtsko-fantastɪtski: fɪlm]
filme (m) de terror	horor (m)	[horor]
comédia (f)	filmová komedie (ž)	[fɪlmova: komɛdɪe]
melodrama (m)	melodrama (s)	[mɛlodrama]
drama (m)	drama (s)	[drama]
filme (m) ficcional	umělecký film (m)	[umnelɛtski: fɪlm]
documentário (m)	dokumentární film (m)	[dokumɛnta:rni: fɪlm]
desenho (m) animado	kreslený film (m)	[krɛslɛni: fɪlm]
cinema (m) mudo	němý film (m)	[nemi: fɪlm]
papel (m)	role (ž)	[rolɛ]
papel (m) principal	hlavní role (ž)	[hlavni: rolɛ]
representar (vt)	hrát	[hra:t]
estrela (f) de cinema	filmová hvězda (ž)	[fɪlmova: hvezda]
conhecido	slavný	[slavni:]
famoso	známý	[zna:mi:]
popular	oblíbený	[obli:bɛni:]
argumento (m)	scénář (m)	[stsɛ:na:rʃ]
argumentista (m)	scenárista (m)	[stsɛna:rɪsta]
realizador (m)	režisér (m)	[rɛʒɪsɛ:r]
produtor (m)	filmový producent (m)	[fɪlmovi: produtsɛnt]
assistente (m)	asistent (m)	[asɪstɛnt]
diretor (m) de fotografia	kameraman (m)	[kamɛraman]
duplo (m)	kaskadér (m)	[kaskadɛ:r]
filmar (vt)	natáčet film	[nata:tʃɛt fɪlm]
audição (f)	zkušební natáčení (s)	[skuʃebni: nata:tʃɛni:]
filmagem (f)	natáčení (s)	[nata:tʃɛni:]
equipe (f) de filmagem	filmová skupina (ž)	[fɪlmova: skupɪna]
set (m) de filmagem	natáčecí prostor (m)	[nata:tʃɛtsi: prostor]
câmara (f)	filmová kamera (ž)	[fɪlmova: kamɛra]
cinema (m)	biograf (m)	[bɪograf]
ecrã (m), tela (f)	plátno (s)	[pla:tno]
exibir um filme	promítat film	[promi:tat fɪlm]
pista (f) sonora	zvuková stopa (ž)	[zvukova: stopa]
efeitos (m pl) especiais	triky (m mn)	[trɪkɪ]
legendas (f pl)	titulky (m mn)	[tɪtulkɪ]

| crédito (m) | titulky (m mn) | [tɪtulkɪ] |
| tradução (f) | překlad (m) | [pr̝ɛklat] |

126. Pintura

arte (f)	umění (s)	[umneni:]
belas-artes (f pl)	krásná umění (s mn)	[kra:sna: umneni:]
galeria (f) de arte	galerie (ž)	[galɛrɪe]
exposição (f) de arte	výstava (ž) obrazů	[vi:stava obrazu:]

pintura (f)	malířství (s)	[mali:r̝stvi:]
arte (f) gráfica	grafika (ž)	[grafɪka]
arte (f) abstrata	abstraktní umění (s)	[apstraktni: umneni:]
impressionismo (m)	impresionismus (m)	[ɪmprɛsɪonɪzmus]

pintura (f), quadro (m)	obraz (m)	[obraz]
desenho (m)	kresba (ž)	[krɛzba]
cartaz, póster (m)	plakát (m)	[plaka:t]

ilustração (f)	ilustrace (ž)	[ɪlustratsɛ]
miniatura (f)	miniatura (ž)	[mɪnɪatura]
cópia (f)	kopie (ž)	[kopɪe]
reprodução (f)	reprodukce (ž)	[rɛprodukfsɛ]

mosaico (m)	mozaika (ž)	[mozaɪka]
vitral (m)	skleněná mozaika (ž)	[sklɛnena: mozaɪka]
fresco (m)	freska (ž)	[frɛska]
gravura (f)	rytina (ž)	[rɪtɪna]

busto (m)	bysta (ž)	[bɪsta]
escultura (f)	skulptura (ž)	[skulptura]
estátua (f)	socha (ž)	[soxa]
gesso (m)	sádra (ž)	[sa:dra]
em gesso	sádrový	[sa:drovi:]

retrato (m)	portrét (m)	[portrɛ:t]
autorretrato (m)	autoportrét (m)	[autoportrɛ:t]
paisagem (f)	krajina (ž)	[krajɪna]
natureza (f) morta	zátiší (s)	[za:tɪʃi:]
caricatura (f)	karikatura (ž)	[karɪkatura]
esboço (m)	náčrt (m)	[na:tʃrt]

tinta (f)	barva (ž)	[barva]
aguarela (f)	vodová barva (ž)	[vodova: barva]
óleo (m)	olejová barva (ž)	[olɛjova: barva]
lápis (m)	tužka (ž)	[tuʃka]
tinta da China (f)	tuž (ž)	[tuʃ]
carvão (m)	uhel (m)	[uhɛl]

| desenhar (vt) | kreslit | [krɛslɪt] |
| pintar (vt) | malovat | [malovat] |

| posar (vi) | být modelem | [bi:t modɛlɛm] |
| modelo (m) | živý model (m) | [ʒɪvi: modɛl] |

modelo (f)	modelka (ž)	[modɛlka]
pintor (m)	malíř (m)	[mali:rʃ]
obra (f)	dílo (s)	[di:lo]
obra-prima (f)	veledílo (s)	[vɛlɛdi:lo]
estúdio (m)	dílna (ž)	[di:lna]

tela (f)	plátno (s)	[pla:tno]
cavalete (m)	malířský stojan (m)	[malirʒski: stojan]
paleta (f)	paleta (ž)	[palɛta]

moldura (f)	rám (m)	[ra:m]
restauração (f)	restaurace (ž)	[rɛstauratsɛ]
restaurar (vt)	restaurovat	[rɛstaurovat]

127. Literatura & Poesia

literatura (f)	literatura (ž)	[lɪtɛratura]
autor (m)	autor (m)	[autor]
pseudónimo (m)	pseudonym (m)	[psɛudonɪm]

livro (m)	kniha (ž)	[knɪha]
volume (m)	díl (m)	[di:l]
índice (m)	obsah (m)	[opsax]
página (f)	stránka (ž)	[stra:ŋka]
protagonista (m)	hlavní hrdina (m)	[hlavni: hrdɪna]
autógrafo (m)	autogram (m)	[autogram]

conto (m)	povídka (ž)	[povi:tka]
novela (f)	novela (ž)	[novɛla]
romance (m)	román (m)	[roma:n]
obra (f)	spis (m)	[spɪs]
fábula (m)	bajka (ž)	[bajka]
romance (m) policial	detektivka (ž)	[dɛtɛktɪfka]

poesia (obra)	báseň (ž)	[ba:sɛnʲ]
poesia (arte)	poezie (ž)	[poɛzɪe]
poema (m)	báseň (ž)	[ba:sɛnʲ]
poeta (m)	básník (m)	[ba:sni:k]

ficção (f)	beletrie (ž)	[bɛlɛtrɪe]
ficção (f) científica	vědecko-fantastická literatura (ž)	[vɛdɛtsko-fantastɪtska lɪtɛratura]
aventuras (f pl)	dobrodružství (s)	[dobrodruʒstvi:]
literatura (f) didática	školní literatura (ž)	[ʃkolni: lɪtɛratura]
literatura (f) infantil	dětská literatura (ž)	[detska: lɪtɛratura]

128. Circo

circo (m)	cirkus (m)	[tsɪrkus]
programa (m)	program (m)	[program]
apresentação (f)	představení (s)	[prʃɛtstavɛni:]
número (m)	výstup (m)	[vi:stup]

arena (f)	aréna (ž)	[arɛ:na]
pantomima (f)	pantomima (ž)	[pantomɪma]
palhaço (m)	klaun (m)	[klaun]

acrobata (m)	akrobat (m)	[akrobat]
acrobacia (f)	akrobatika (ž)	[akrobatɪka]
ginasta (m)	gymnasta (m)	[gɪmnasta]
ginástica (f)	gymnastika (ž)	[gɪmnastɪka]
salto (m) mortal	salto (s)	[salto]

homem forte (m)	atlet (m)	[atlɛt]
domador (m)	krotitel (m)	[krotɪtɛl]
cavaleiro (m) equilibrista	jezdec (m)	[jɛzdɛʦ]
assistente (m)	asistent (m)	[asɪstɛnt]

truque (m)	trik (m)	[trɪk]
truque (m) de mágica	kouzlo (s)	[kouzlo]
mágico (m)	kouzelník (m)	[kouzɛlni:k]

malabarista (m)	žonglér (m)	[ʒonglɛ:r]
fazer malabarismos	žonglovat	[ʒonglovat]
domador (m)	cvičitel (m)	[ʦvɪʧɪtɛl]
adestramento (m)	drezůra (ž)	[drɛzu:ra]
adestrar (vt)	cvičit	[ʦvɪʧɪt]

129. Música. Música popular

música (f)	hudba (ž)	[hudba]
músico (m)	hudebník (m)	[ɦudɛbni:k]
instrumento (m) musical	hudební nástroj (m)	[hudɛbni: na:stroj]
tocar ...	hrát na ...	[hra:t na]

guitarra (f)	kytara (ž)	[kɪtara]
violino (m)	housle (ž mn)	[houslɛ]
violoncelo (m)	violoncello (s)	[vɪolonʧelo]
contrabaixo (m)	basa (ž)	[basa]
harpa (f)	harfa (ž)	[harfa]

piano (m)	pianino (s)	[pɪanɪno]
piano (m) de cauda	klavír (m)	[klavi:r]
órgão (m)	varhany (ž mn)	[varhanɪ]

instrumentos (m pl) de sopro	dechové nástroje (m mn)	[dɛxovɛ: na:strojɛ]
oboé (m)	hoboj (m)	[hoboj]
saxofone (m)	saxofon (m)	[saksofon]
clarinete (m)	klarinet (m)	[klarɪnɛt]
flauta (f)	flétna (ž)	[flɛ:tna]
trompete (m)	trubka (ž)	[trupka]

| acordeão (m) | akordeon (m) | [akordɛon] |
| tambor (m) | buben (m) | [bubɛn] |

| duo, dueto (m) | duo (s) | [duo] |
| trio (m) | trio (s) | [trɪo] |

quarteto (m)	kvarteto (s)	[kvartɛto]
coro (m)	sbor (m)	[zbor]
orquestra (f)	orchestr (m)	[orxɛstr]

música (f) pop	populární hudba (ž)	[popula:rni: hudba]
música (f) rock	rocková hudba (ž)	[rokova: hudba]
grupo (m) de rock	roková kapela (ž)	[rokova: kapɛla]
jazz (m)	jazz (m)	[dʒɛs]

| ídolo (m) | idol (m) | [ɪdol] |
| fã, admirador (m) | ctitel (m) | [tstɪtɛl] |

concerto (m)	koncert (m)	[kontsɛrt]
sinfonia (f)	symfonie (ž)	[sɪmfonɪe]
composição (f)	skladba (ž)	[skladba]
compor (vt)	složit	[sloʒɪt]

canto (m)	zpěv (m)	[spef]
canção (f)	píseň (ž)	[pi:sɛnʲ]
melodia (f)	melodie (ž)	[mɛlodɪe]
ritmo (m)	rytmus (m)	[rɪtmus]
blues (m)	blues (s)	[blu:s]

notas (f pl)	noty (ž mn)	[notɪ]
batuta (f)	taktovka (ž)	[taktofka]
arco (m)	smyčec (m)	[smɪtʃɛts]
corda (f)	struna (ž)	[struna]
estojo (m)	pouzdro (s)	[pouzdro]

Descanso. Entretenimento. Viagens

130. Viagens

turismo (m)	turistika (ž)	[turɪstɪka]
turista (m)	turista (m)	[turɪsta]
viagem (f)	cestování (s)	[tsɛstovaːni:]
aventura (f)	příhoda (ž)	[prʃiːhoda]
viagem (f)	cesta (ž)	[tsɛsta]

férias (f pl)	dovolená (ž)	[dovolɛna:]
estar de férias	mít dovolenou	[mi:t dovolɛnou]
descanso (m)	odpočinek (m)	[otpotʃɪnɛk]

comboio (m)	vlak (m)	[vlak]
de comboio (chegar ~)	vlakem	[vlakɛm]
avião (m)	letadlo (s)	[lɛtadlo]
de avião	letadlem	[lɛtadlɛm]
de carro	autem	[autɛm]
de navio	lodí	[lodi:]

bagagem (f)	zavazadla (s mn)	[zavazadla]
mala (f)	kufr (m)	[kufr]
carrinho (m)	vozík (m) na zavazadla	[vozi:k na zavazadla]

passaporte (m)	pas (m)	[pas]
visto (m)	vízum (s)	[vi:zum]
bilhete (m)	jízdenka (ž)	[ji:zdɛŋka]
bilhete (m) de avião	letenka (ž)	[lɛtɛŋka]

guia (m) de viagem	průvodce (m)	[pru:vodtsɛ]
mapa (m)	mapa (ž)	[mapa]
local (m), area (f)	krajina (ž)	[krajɪna]
lugar, sítio (m)	místo (s)	[mi:sto]

exotismo (m)	exotika (ž)	[ɛgzotɪka]
exótico	exotický	[ɛgzotɪtski:]
surpreendente	podivuhodný	[podɪvuhodni:]

grupo (m)	skupina (ž)	[skupɪna]
excursão (f)	výlet (m)	[vi:lɛt]
guia (m)	průvodce (m)	[pru:vodtsɛ]

131. Hotel

hotel (m)	hotel (m)	[hotɛl]
motel (m)	motel (m)	[motɛl]
três estrelas	tři hvězdy	[trʃɪ hvezdɪ]

| cinco estrelas | pět hvězd | [pet hvezt] |
| ficar (~ num hotel) | ubytovat se | [ubɪtovat sɛ] |

quarto (m)	pokoj (m)	[pokoj]
quarto (m) individual	jednolůžkový pokoj (m)	[jɛdnolu:ʃkovi: pokoj]
quarto (m) duplo	dvoulůžkový pokoj (m)	[dvoulu:ʃkovi: pokoj]
reservar um quarto	rezervovat pokoj	[rɛzɛrvovat pokoj]

| meia pensão (f) | polopenze (ž) | [polopɛnzɛ] |
| pensão (f) completa | plná penze (ž) | [plna: pɛnzɛ] |

com banheira	s koupelnou	[s koupɛlnou]
com duche	se sprchou	[sɛ sprxou]
televisão (m) satélite	satelitní televize (ž)	[satɛlɪtni: tɛlɛvɪzɛ]
ar (m) condicionado	klimatizátor (m)	[klɪmatɪza:tor]
toalha (f)	ručník (m)	[rutʃni:k]
chave (f)	klíč (m)	[kli:tʃ]

administrador (m)	recepční (m)	[rɛtsɛptʃni:]
camareira (f)	pokojská (ž)	[pokojska:]
bagageiro (m)	nosič (m)	[nosɪtʃ]
porteiro (m)	vrátný (m)	[vra:tni:]

restaurante (m)	restaurace (ž)	[rɛstauratsɛ]
bar (m)	bar (m)	[bar]
pequeno-almoço (m)	snídaně (ž)	[sni:dane]
jantar (m)	večeře (ž)	[vɛtʃɛrʒɛ]
buffet (m)	obložený stůl (m)	[obloʒeni: stu:l]

| hall (m) de entrada | vstupní hala (ž) | [vstupni: hala] |
| elevador (m) | výtah (m) | [vi:tax] |

| NÃO PERTURBE | NERUŠIT | [nɛruʃɪt] |
| PROIBIDO FUMAR! | ZÁKAZ KOUŘENÍ | [za:kaz kourʒɛni:] |

132. Livros. Leitura

livro (m)	kniha (ž)	[knɪha]
autor (m)	autor (m)	[autor]
escritor (m)	spisovatel (m)	[spɪsovatɛl]
escrever (vt)	napsat	[napsat]

leitor (m)	čtenář (m)	[tʃtɛna:rʃ]
ler (vt)	číst	[tʃi:st]
leitura (f)	četba (ž)	[tʃɛtba]

| para si | pro sebe | [pro sɛbɛ] |
| em voz alta | nahlas | [nahlas] |

publicar (vt)	vydávat	[vɪda:vat]
publicação (f)	vydání (s)	[vɪda:ni:]
editor (m)	vydavatel (m)	[vɪdavatɛl]
editora (f)	nakladatelství (s)	[nakladatɛlstvi:]
sair (vi)	vyjít	[vɪji:t]

lançamento (m)	vydání (s)	[vɪda:ni:]
tiragem (f)	náklad (m)	[na:klat]
livraria (f)	knihkupectví (s)	[knɪxkupɛʦtvi:]
biblioteca (f)	knihovna (ž)	[knɪhovna]
novela (f)	novela (ž)	[novɛla]
conto (m)	povídka (ž)	[povi:tka]
romance (m)	román (m)	[roma:n]
romance (m) policial	detektivka (ž)	[dɛtɛktɪfka]
memórias (f pl)	paměti (ž mn)	[pamnetɪ]
lenda (f)	legenda (ž)	[lɛgɛnda]
mito (m)	mýtus (m)	[mi:tus]
poesia (f)	básně (ž mn)	[ba:sne]
autobiografia (f)	vlastní životopis (m)	[vlastni: ʒɪvotopɪs]
obras (f pl) escolhidas	výbor (m) z díla	[vi:bor z di:la]
ficção (f) científica	fantastika (ž)	[fantastɪka]
título (m)	název (m)	[na:zɛf]
introdução (f)	úvod (m)	[u:vot]
folha (f) de rosto	titulní list (m)	[tɪtulni: lɪst]
capítulo (m)	kapitola (ž)	[kapɪtola]
excerto (m)	úryvek (m)	[u:rɪvɛk]
episódio (m)	epizoda (ž)	[ɛpɪzoda]
tema (m)	námět (m)	[na:mnet]
conteúdo (m)	obsah (m)	[opsax]
índice (m)	obsah (m)	[opsax]
protagonista (m)	hlavní hrdina (m)	[hlavni: hrdɪna]
tomo, volume (m)	svazek (m)	[svazɛk]
capa (f)	obálka (ž)	[oba:lka]
encadernação (f)	vazba (ž)	[vazba]
marcador (m) de livro	záložka (ž)	[za:loʃka]
página (f)	stránka (ž)	[stra:ŋka]
folhear (vt)	listovat	[lɪstovat]
margem (f)	okraj (m)	[okraj]
anotação (f)	poznámka (ž) na okraj	[pozna:mka na okraj]
nota (f) de rodapé	poznámka (ž)	[pozna:mka]
texto (m)	text (m)	[tɛkst]
fonte (f)	písmo (s)	[pi:smo]
gralha (f)	chyba (ž) tisku	[xɪba tɪsku]
tradução (f)	překlad (m)	[prʃɛklat]
traduzir (vt)	překládat	[prʃɛkla:dat]
original (m)	originál (m)	[orɪgɪna:l]
famoso	slavný	[slavni:]
desconhecido	neznámý	[nɛzna:mi:]
interessante	zajímavý	[zaji:mavi:]
best-seller (m)	bestseller (m)	[bɛstsɛlɛr]

dicionário (m)	slovník (m)	[slovni:k]
manual (m) escolar	učebnice (ž)	[utʃɛbnɪtsɛ]
enciclopédia (f)	encyklopedie (ž)	[ɛntsɪklopɛdɪe]

133. Caça. Pesca

caça (f)	lov (m)	[lof]
caçar (vi)	lovit	[lovɪt]
caçador (m)	lovec (m)	[lovɛts]
atirar (vi)	střílet	[strʃi:lɛt]
caçadeira (f)	puška (ž)	[puʃka]
cartucho (m)	náboj (m)	[na:boj]
chumbo (m) de caça	broky (m mn)	[brokɪ]
armadilha (f)	past (ž)	[past]
armadilha (com corda)	léčka (ž)	[lɛ:tʃka]
pôr a armadilha	líčit past	[li:tʃɪt past]
caçador (m) furtivo	pytlák (m)	[pɪtla:k]
caça (f)	zvěřina (ž)	[zverʒɪna]
cão (m) de caça	lovecký pes (m)	[lovɛtski: pɛs]
safári (m)	safari (s)	[safarɪ]
animal (m) empalhado	vycpané zvíře (s)	[vɪtspanɛ: zvi:rʒɛ]
pescador (m)	rybář (m)	[rɪba:rʃ]
pesca (f)	rybaření (s)	[rɪbarʒɛni:]
pescar (vt)	lovit ryby	[lovɪt rɪbɪ]
cana (f) de pesca	udice (ž)	[udɪtsɛ]
linha (f) de pesca	vlas (m)	[vlas]
anzol (m)	háček (m)	[ha:tʃɛk]
boia (f)	splávek (m)	[spla:vɛk]
isca (f)	návnada (ž)	[na:vnada]
lançar a linha	hodit udici	[hodɪt udɪtsɪ]
morder (vt)	brát	[bra:t]
pesca (f)	úlovek (m)	[u:lovɛk]
buraco (m) no gelo	otvor (m) v ledu	[otvor v lɛdu]
rede (f)	síť (ž)	[si:tʲ]
barco (m)	loďka (ž)	[lotʲka]
pescar com rede	lovit sítí	[lovɪt si:ti:]
lançar a rede	házet síť	[ha:zɛt si:tʲ]
puxar a rede	vytahovat síť	[vɪtahovat si:tʲ]
baleeiro (m)	velrybář (m)	[vɛlrɪba:rʃ]
baleeira (f)	velrybářská loď (ž)	[vɛlrɪba:rʃska: lotʲ]
arpão (m)	harpuna (ž)	[harpuna]

134. Jogos. Bilhar

bilhar (m)	kulečník (m)	[kulɛtʃni:k]
sala (f) de bilhar	kulečníková herna (ž)	[kulɛtʃni:kova: hɛrna]

bola (f) de bilhar	kulečníková koule (ž)	[kulɛtʃni:kova: koulɛ]
embolsar uma bola	strefit se koulí	[strɛfɪt sɛ kouli:]
taco (m)	tágo (s)	[ta:go]
caçapa (f)	otvor (m) v kulečníku	[otvor v kulɛtʃni:ku]

135. Jogos. Jogar cartas

ouros (m pl)	kára (s mn)	[ka:ra]
espadas (f pl)	piky (m mn)	[pɪkɪ]
copas (f pl)	srdce (s mn)	[srdtsɛ]
paus (m pl)	kříže (m mn)	[krʃi:ʒe]
ás (m)	eso (s)	[ɛso]
rei (m)	král (m)	[kra:l]
dama (f)	dáma (ž)	[da:ma]
valete (m)	kluk (m)	[kluk]
carta (f) de jogar	karta (ž)	[karta]
cartas (f pl)	karty (ž mn)	[kartɪ]
trunfo (m)	trumf (m)	[trumf]
baralho (m)	karty (ž mn)	[kartɪ]
dar, distribuir (vt)	rozdávat	[rozda:vat]
embaralhar (vt)	míchat	[mi:xat]
vez, jogada (f)	vynášení (s)	[vɪna:ʃɛni:]
batoteiro (m)	falešný hráč (m)	[falɛʃni: hra:tʃ]

136. Descanso. Jogos. Diversos

passear (vi)	procházet se	[proxa:zɛt sɛ]
passeio (m)	procházka (ž)	[proxa:ska]
viagem (f) de carro	vyjížďka (ž)	[vɪji:ʒtʲka]
aventura (f)	příhoda (ž)	[prʃi:hoda]
piquenique (m)	piknik (m)	[pɪknɪk]
jogo (m)	hra (ž)	[hra]
jogador (m)	hráč (m)	[hra:tʃ]
partida (f)	partie (ž)	[partɪe]
colecionador (m)	sběratel (m)	[zberatɛl]
colecionar (vt)	sbírat	[zbi:rat]
coleção (f)	sbírka (ž)	[zbi:rka]
palavras (f pl) cruzadas	křížovka (ž)	[krʃi:ʒofka]
hipódromo (m)	hipodrom (m)	[hɪpodrom]
discoteca (f)	diskotéka (ž)	[dɪskotɛ:ka]
sauna (f)	sauna (ž)	[sauna]
lotaria (f)	loterie (ž)	[lotɛrɪe]
campismo (m)	túra (ž)	[tu:ra]
acampamento (m)	tábor (m)	[ta:bor]

tenda (f)	stan (m)	[stan]
bússola (f)	kompas (m)	[kompas]
campista (m)	turista (m)	[turɪsta]

ver (vt), assistir à ...	dívat se na ...	[di:vat sɛ na]
telespectador (m)	televizní divák (m)	[tɛlɛvɪzni: dɪvaːk]
programa (m) de TV	televizní pořad (m)	[tɛlɛvɪzni: porʒat]

137. Fotografia

| máquina (f) fotográfica | fotoaparát (m) | [fotoapara:t] |
| foto, fotografia (f) | fotografie (ž) | [fotografɪe] |

fotógrafo (m)	fotograf (m)	[fotograf]
estúdio (m) fotográfico	fotografický salón (m)	[fotografɪtski: salo:n]
álbum (m) de fotografias	fotoalbum (s)	[fotoalbum]

objetiva (f)	objektiv (m)	[objɛktɪf]
teleobjetiva (f)	teleobjektiv (m)	[tɛlɛobjɛktɪf]
filtro (m)	filtr (m)	[fɪltr]
lente (f)	čočka (ž)	[ʧoʧka]

ótica (f)	optika (ž)	[optɪka]
abertura (f)	clona (ž)	[tslona]
exposição (f)	expozice (ž)	[ɛkspozɪtsɛ]
visor (m)	hledáček (m)	[hlɛda:ʧɛk]

câmara (f) digital	digitální kamera (ž)	[dɪgɪta:lni: kamɛra]
tripé (m)	stativ (m)	[statɪf]
flash (m)	blesk (m)	[blɛsk]
fotografar (vt)	fotografovat	[fotografovat]
tirar fotos	fotografovat	[fotografovat]
fotografar-se	fotografovat se	[fotografovat sɛ]

foco (m)	ostrost (ž)	[ostrost]
focar (vt)	zaostřovat	[zaostrʃovat]
nítido	ostrý	[ostri:]
nitidez (f)	ostrost (ž)	[ostrost]

| contraste (m) | kontrast (m) | [kontrast] |
| contrastante | kontrastní | [kontrastni:] |

retrato (m)	snímek (m)	[sni:mɛk]
negativo (m)	negativ (m)	[nɛgatɪf]
filme (m)	film (m)	[fɪlm]
fotograma (m)	záběr (m)	[za:ber]
imprimir (vt)	tisknout	[tɪsknout]

138. Praia. Natação

| praia (f) | pláž (ž) | [pla:ʃ] |
| areia (f) | písek (m) | [pi:sɛk] |

deserto	pustý	[pusti:]
bronzeado (m)	opálení (s)	[opa:lɛni:]
bronzear-se (vr)	opalovat se	[opalovat sɛ]
bronzeado	opálený	[opa:lɛni:]
protetor (m) solar	krém (m) na opalování	[krɛ:m na opalova:ni:]

biquíni (m)	bikiny (mn)	[bɪkɪnɪ]
fato (m) de banho	dámské plavky (ž mn)	[damske plafkɪ]
calção (m) de banho	plavky (ž mn)	[plafkɪ]

piscina (f)	bazén (m)	[bazɛ:n]
nadar (vi)	plavat	[plavat]
duche (m)	sprcha (ž)	[sprxa]
mudar de roupa	převlékat se	[prʃɛvlɛ:kat sɛ]
toalha (f)	ručník (m)	[rutʃni:k]

| barco (m) | loďka (ž) | [lotʲka] |
| lancha (f) | motorový člun (m) | [motorovi: tʃlun] |

esqui (m) aquático	vodní lyže (ž mn)	[vodni: lɪʒe]
barco (m) de pedais	vodní bicykl (m)	[vodni: bɪtsɪkl]
surf (m)	surfování (s)	[surfova:ni:]
surfista (m)	surfař (m)	[surfarʃ]

equipamento (m) de mergulho	potápěčský dýchací přístroj (m)	[pota:petʃski: di:xatsi: prʃi:stroj]
barbatanas (f pl)	ploutve (ž mn)	[ploutvɛ]
máscara (f)	maska (ž)	[maska]
mergulhador (m)	potápěč (m)	[pota:petʃ]
mergulhar (vi)	potápět se	[pota:pet sɛ]
debaixo d'água	pod vodou	[pod vodou]

guarda-sol (m)	slunečník (m)	[slunɛtʃni:k]
espreguiçadeira (f)	rozkládací lehátko (s)	[roskla:datsi: lɛha:tko]
óculos (m pl) de sol	sluneční brýle (mn)	[slunɛtʃni: bri:lɛ]
colchão (m) de ar	nafukovací matrace (ž)	[nafukovatsi: matratsɛ]

| brincar (vi) | hrát | [hra:t] |
| ir nadar | koupat se | [koupat sɛ] |

bola (f) de praia	míč (m)	[mi:tʃ]
encher (vt)	nafukovat	[nafukovat]
inflável, de ar	nafukovací	[nafukovatsi:]

onda (f)	vlna (ž)	[vlna]
boia (f)	bóje (ž)	[bo:jɛ]
afogar-se (pessoa)	topit se	[topɪt sɛ]

salvar (vt)	zachraňovat	[zaxranʲovat]
colete (m) salva-vidas	záchranná vesta (ž)	[za:xranna: vɛsta]
observar (vt)	pozorovat	[pozorovat]
nadador-salvador (m)	záchranář (m)	[za:xrana:rʃ]

EQUIPAMENTO TÉCNICO. TRANSPORTES

Equipamento técnico. Transportes

139. Computador

computador (m)	počítač (m)	[potʃiːtatʃ]
portátil (m)	notebook (m)	[noutbuːk]
ligar (vt)	zapnout	[zapnout]
desligar (vt)	vypnout	[vɪpnout]
teclado (m)	klávesnice (ž)	[klaːvɛsnɪtsɛ]
tecla (f)	klávesa (ž)	[klaːvɛsa]
rato (m)	myš (ž)	[mɪʃ]
tapete (m) de rato	podložka (ž) pro myš	[podloʃka pro mɪʃ]
botão (m)	tlačítko (s)	[tlatʃiːtko]
cursor (m)	kurzor (m)	[kurzor]
monitor (m)	monitor (m)	[monɪtor]
ecrã (m)	obrazovka (ž)	[obrazofka]
disco (m) rígido	pevný disk (m)	[pɛvni: dɪsk]
capacidade (f) do disco rígido	rozměr (m) disku	[rozmner dɪsku]
memória (f)	paměť (ž)	[pamneti]
memória RAM (f)	operační paměť (ž)	[opɛratʃni: pamneti]
ficheiro (m)	soubor (m)	[soubor]
pasta (f)	složka (ž)	[sloʃka]
abrir (vt)	otevřít	[otɛvrʒiːt]
fechar (vt)	zavřít	[zavrʒiːt]
guardar (vt)	uložit	[uloʒɪt]
apagar, eliminar (vt)	vymazat	[vɪmazat]
copiar (vt)	zkopírovat	[skopiːrovat]
ordenar (vt)	uspořádat	[usporʒaːdat]
copiar (vt)	zkopírovat	[skopiːrovat]
programa (m)	program (m)	[program]
software (m)	programové vybavení (s)	[programovɛː vɪbavɛniː]
programador (m)	programátor (m)	[programaːtor]
programar (vt)	programovat	[programovat]
hacker (m)	hacker (m)	[hɛkr]
senha (f)	heslo (s)	[hɛslo]
vírus (m)	virus (m)	[vɪrus]
detetar (vt)	zjistit	[zjɪstɪt]
byte (m)	byte (m)	[bajt]

megabyte (m)	megabyte (m)	[mɛgabajt]
dados (m pl)	data (s mn)	[data]
base (f) de dados	databáze (ž)	[databa:zɛ]

cabo (m)	kabel (m)	[kabɛl]
desconectar (vt)	odpojit	[otpojɪt]
conetar (vt)	připojit	[prʃɪpojɪt]

140. Internet. E-mail

internet (f)	internet (m)	[ɪntɛrnɛt]
browser (m)	prohlížeč (m)	[prohli:ʒetʃ]
motor (m) de busca	vyhledávací zdroj (m)	[vɪhlɛda:vaʦi: zdroj]
provedor (m)	dodavatel (m)	[dodavatɛl]

webmaster (m)	web-master (m)	[vɛb-mastɛr]
website, sítio web (m)	webové stránky (ž mn)	[vɛbovɛ: stra:ŋkɪ]
página (f) web	webová stránka (ž)	[vɛbova: stra:ŋka]

| endereço (m) | adresa (ž) | [adrɛsa] |
| livro (m) de endereços | adresář (m) | [adrɛsa:rʃ] |

| caixa (f) de correio | e-mailová schránka (ž) | [i:mɛjlova: sxra:ŋka] |
| correio (m) | pošta (ž) | [poʃta] |

mensagem (f)	zpráva (ž)	[spra:va]
remetente (m)	odesílatel (m)	[odɛsi:latɛl]
enviar (vt)	odeslat	[odɛslat]
envio (m)	odeslání (s)	[odɛsla:ni:]

| destinatário (m) | příjemce (m) | [prʃi:jɛmʦɛ] |
| receber (vt) | dostat | [dostat] |

| correspondência (f) | korespondence (ž) | [korɛspondɛnʦɛ] |
| corresponder-se (vr) | korespondovat | [korɛspondovat] |

ficheiro (m)	soubor (m)	[soubor]
fazer download, baixar	stáhnout	[sta:hnout]
criar (vt)	vytvořit	[vɪtvorʒɪt]
apagar, eliminar (vt)	vymazat	[vɪmazat]
eliminado	vymazaný	[vɪmazani:]

conexão (f)	spojení (s)	[spojɛni:]
velocidade (f)	rychlost (ž)	[rɪxlost]
modem (m)	modem (m)	[modɛm]

| acesso (m) | přístup (m) | [prʃi:stup] |
| porta (f) | port (m) | [port] |

| conexão (f) | připojení (s) | [prʃɪpojɛni:] |
| conetar (vi) | připojit se | [prʃɪpojɪt sɛ] |

| escolher (vt) | vybrat | [vɪbrat] |
| buscar (vt) | hledat | [hlɛdat] |

Transportes

141. Avião

avião (m)	letadlo (s)	[lɛtadlo]
bilhete (m) de avião	letenka (ž)	[lɛtɛŋka]
companhia (f) aérea	letecká společnost (ž)	[lɛtɛtska: spolɛtʃnost]
aeroporto (m)	letiště (s)	[lɛtɪʃtɛ]
supersónico	nadzvukový	[nadzvukovi:]
comandante (m) do avião	velitel (m) posádky	[vɛlɪtɛl posa:tkɪ]
tripulação (f)	posádka (ž)	[posa:tka]
piloto (m)	pilot (m)	[pɪlot]
hospedeira (f) de bordo	letuška (ž)	[lɛtuʃka]
copiloto (m)	navigátor (m)	[navɪga:tor]
asas (f pl)	křídla (s mn)	[krʃi:dla]
cauda (f)	ocas (m)	[otsas]
cabine (f) de pilotagem	kabina (ž)	[kabɪna]
motor (m)	motor (m)	[motor]
trem (m) de aterragem	podvozek (m)	[podvozɛk]
turbina (f)	turbína (ž)	[turbi:na]
hélice (f)	vrtule (ž)	[vrtulɛ]
caixa-preta (f)	černá skříňka (ž)	[tʃɛrna: skrʃi:nʲka]
coluna (f) de controlo	řídicí páka (ž)	[rʒi:dɪtsi: pa:ka]
combustível (m)	palivo (s)	[palɪvo]
instruções (f pl) de segurança	předpis (m)	[prʃɛtpɪs]
máscara (f) de oxigénio	kyslíková maska (ž)	[kɪsli:kova: maska]
uniforme (m)	uniforma (ž)	[unɪforma]
colete (m) salva-vidas	záchranná vesta (ž)	[za:xranna: vɛsta]
paraquedas (m)	padák (m)	[pada:k]
descolagem (f)	start (m) letadla	[start lɛtadla]
descolar (vi)	vzlétat	[vzlɛ:tat]
pista (f) de descolagem	rozjezdová dráha (ž)	[rozjɛzdova: dra:ha]
visibilidade (f)	viditelnost (ž)	[vɪdɪtɛlnost]
voo (m)	let (m)	[lɛt]
altura (f)	výška (ž)	[vi:ʃka]
poço (m) de ar	vzdušná jáma (ž)	[vzduʃna: jama]
assento (m)	místo (s)	[mi:sto]
auscultadores (m pl)	sluchátka (s mn)	[sluxa:tka]
mesa (f) rebatível	odklápěcí stolek (m)	[otkla:pɛtsi: stolɛk]
vigia (f)	okénko (s)	[okɛ:ŋko]
passagem (f)	chodba (ž)	[xodba]

142. Comboio

comboio (m)	vlak (m)	[vlak]
comboio (m) suburbano	elektrický vlak (m)	[ɛlɛktrɪtski: vlak]
comboio (m) rápido	rychlík (m)	[rɪxli:k]
locomotiva (f) diesel	motorová lokomotiva (ž)	[motorova: lokomotɪva]
locomotiva (f) a vapor	parní lokomotiva (ž)	[parni: lokomotɪva]
carruagem (f)	vůz (m)	[vu:z]
carruagem restaurante (f)	jídelní vůz (m)	[ji:dɛlni: vu:z]
carris (m pl)	koleje (ž mn)	[kolɛjɛ]
caminho de ferro (m)	železnice (ž mn)	[ʒelɛznɪtsɛ]
travessa (f)	pražec (m)	[praʒets]
plataforma (f)	nástupiště (s)	[na:stupɪʃte]
linha (f)	kolej (ž)	[kolɛj]
semáforo (m)	návěstidlo (s)	[na:vestɪdlo]
estação (f)	stanice (ž)	[stanɪtsɛ]
maquinista (m)	strojvůdce (m)	[strojvu:dtsɛ]
bagageiro (m)	nosič (m)	[nosɪtʃ]
hospedeiro, -a (da carruagem)	průvodčí (m)	[pru:vodtʃi:]
passageiro (m)	cestující (m)	[tsɛstuji:tsi:]
revisor (m)	revizor (m)	[rɛvɪzor]
corredor (m)	chodba (ž)	[xodba]
froio (m) de emergência	záchranná brzda (ž)	[za:xranna: brzda]
compartimento (m)	oddělení (s)	[oddelɛni:]
cama (f)	lůžko (s)	[lu:ʃko]
cama (f) de cima	horní lůžko (s)	[horni: lu:ʃko]
cama (f) de baixo	dolní lůžko (s)	[dolni: lu:ʃko]
roupa (f) de cama	lůžkoviny (ž mn)	[lu:ʃkovɪnɪ]
bilhete (m)	jízdenka (ž)	[ji:zdɛŋka]
horário (m)	jízdní řád (m)	[ji:zdni: rʒa:t]
painel (m) de informação	tabule (ž)	[tabulɛ]
partir (vt)	odjíždět	[odji:ʒdet]
partida (f)	odjezd (m)	[odjɛst]
chegar (vi)	přijíždět	[prʃɪji:ʒdet]
chegada (f)	příjezd (m)	[prʃi:jɛst]
chegar de comboio	přijet vlakem	[prʃɪɛt vlakɛm]
apanhar o comboio	nastoupit do vlaku	[nastoupɪt do vlaku]
sair do comboio	vystoupit z vlaku	[vɪstoupɪt z vlaku]
acidente (m) ferroviário	železniční neštěstí (s)	[ʒelɛznɪtʃni: nɛʃtesti:]
locomotiva (f) a vapor	parní lokomotiva (ž)	[parni: lokomotɪva]
fogueiro (m)	topič (m)	[topɪtʃ]
fornalha (f)	topeniště (s)	[topɛnɪʃte]
carvão (m)	uhlí (a)	[uhli:]

129

143. Barco

| navio (m) | loď (ž) | [loti] |
| embarcação (f) | loď (ž) | [loti] |

vapor (m)	parník (m)	[parni:k]
navio (m)	říční loď (ž)	[ritʃni loti]
transatlântico (m)	linková loď (ž)	[lɪŋkova: loti]
cruzador (m)	křižník (m)	[krʒɪʒni:k]

iate (m)	jachta (ž)	[jaxta]
rebocador (m)	vlek (m)	[vlɛk]
barcaça (f)	vlečná nákladní loď (ž)	[vlɛtʃna: na:kladni: loti]
ferry (m)	prám (m)	[pra:m]

| veleiro (m) | plachetnice (ž) | [plaxɛtnɪtsɛ] |
| bergantim (m) | brigantina (ž) | [brɪganti:na] |

| quebra-gelo (m) | ledoborec (m) | [lɛdoborɛts] |
| submarino (m) | ponorka (ž) | [ponorka] |

bote, barco (m)	loďka (ž)	[lotika]
bote, dingue (m)	člun (m)	[tʃlun]
bote (m) salva-vidas	záchranný člun (m)	[za:xranni: tʃlun]
lancha (f)	motorový člun (m)	[motorovi: tʃlun]

capitão (m)	kapitán (m)	[kapɪta:n]
marinheiro (m)	námořník (m)	[na:morʒni:k]
marujo (m)	námořník (m)	[na:morʒni:k]
tripulação (f)	posádka (ž)	[posa:tka]

contramestre (m)	loďmistr (m)	[lodimɪstr]
grumete (m)	plavčík (m)	[plavtʃi:k]
cozinheiro (m) de bordo	lodní kuchař (m)	[lodni: kuxarʃ]
médico (m) de bordo	lodní lékař (m)	[lodni: lɛ:karʃ]

convés (m)	paluba (ž)	[paluba]
mastro (m)	stěžeň (m)	[steʒeni]
vela (f)	plachta (ž)	[plaxta]

porão (m)	podpalubí (s)	[potpalubi:]
proa (f)	příď (ž)	[prʃi:ti]
popa (f)	záď (ž)	[za:ti]
remo (m)	veslo (s)	[vɛslo]
hélice (f)	lodní šroub (m)	[lodni: ʃroup]

camarote (m)	kajuta (ž)	[kajuta]
sala (f) dos oficiais	společenská místnost (ž)	[spolɛtʃɛnska: mi:stnost]
sala (f) das máquinas	strojovna (ž)	[strojovna]
ponte (m) de comando	kapitánský můstek (m)	[kapɪta:nski: mu:stɛk]
sala (f) de comunicações	rádiová kabina (ž)	[ra:dɪova: kabɪna]
onda (f) de rádio	vlna (ž)	[vlna]
diário (m) de bordo	lodní deník (m)	[lodni: dɛni:k]
luneta (f)	dalekohled (m)	[dalɛkohlɛt]
sino (m)	zvon (m)	[zvon]

bandeira (f)	vlajka (ž)	[vlajka]
cabo (m)	lano (s)	[lano]
nó (m)	uzel (m)	[uzɛl]

corrimão (m)	zábradlí (s)	[za:bradli:]
prancha (f) de embarque	schůdky (m mn)	[sxu:tkɪ]

âncora (f)	kotva (ž)	[kotva]
recolher a âncora	zvednout kotvy	[zvɛdnout kotvɪ]
lançar a âncora	spustit kotvy	[spustɪt kotvɪ]
amarra (f)	kotevní řetěz (m)	[kotɛvni: rʒɛtez]

porto (m)	přístav (m)	[prʃi:staf]
cais, amarradouro (m)	přístaviště (s)	[prʃi:stavɪʃte]
atracar (vi)	přistávat	[prʃɪsta:vat]
desatracar (vi)	vyplouvat	[vɪplouvat]

viagem (f)	cestování (s)	[tsɛstova:ni:]
cruzeiro (m)	výletní plavba (ž)	[vi:letni: plavba]
rumo (m), rota (f)	kurz (m)	[kurs]
itinerário (m)	trasa (ž)	[trasa]

canal (m) navegável	plavební dráha (ž)	[plavɛbni: dra:ha]
banco (m) de areia	mělčina (ž)	[mneltʃɪna]
encalhar (vt)	najet na mělčinu	[najɛt na mneltʃɪnu]

tempestade (f)	bouřka (ž)	[bourʃka]
sinal (m)	signál (m)	[sɪgna:l]
afundar-se (vr)	potápět зo	[pota:pet sɛ]
SOS	SOS	[ɛɛ o' ɛs]
boia (f) salva-vidas	záchranný kruh (m)	[za:xranni: krux]

144. Aeroporto

aeroporto (m)	letiště (s)	[lɛtɪʃte]
avião (m)	letadlo (s)	[lɛtadlo]
companhia (f) aérea	letecká společnost (ž)	[lɛtɛtska: spolɛtʃnost]
controlador (m) de tráfego aéreo	dispečer (m)	[dɪspɛtʃɛr]

partida (f)	odlet (m)	[odlɛt]
chegada (f)	přílet (m)	[prʃi:lɛt]
chegar (~ de avião)	přiletět	[prʃɪlɛtet]

hora (f) de partida	čas (m) odletu	[tʃas odlɛtu]
hora (f) de chegada	čas (m) příletu	[tʃas prʃilɛtu]

estar atrasado	mít zpoždění	[mi:t spoʒdɛni:]
atraso (m) de voo	zpoždění (s) odletu	[spoʒdeni: odlɛtu]

painel (m) de informação	informační tabule (ž)	[ɪnformatʃni: tabulɛ]
informação (f)	informace (ž)	[ɪnformatsɛ]
anunciar (vt)	hlásit	[hla:sɪt]
voo (m)	let (m)	[lɛl]

131

| alfândega (f) | celnice (ž) | [ʦɛlnɪʦɛ] |
| funcionário (m) da alfândega | celník (m) | [ʦɛlniːk] |

declaração (f) alfandegária	prohlášení (s)	[prohlaːʃɛniː]
preencher a declaração	vyplnit prohlášení	[vɪplnɪt prohlaːʃɛniː]
controlo (m) de passaportes	pasová kontrola (ž)	[pasovaː kontrola]

bagagem (f)	zavazadla (s mn)	[zavazadla]
bagagem (f) de mão	příruční zavazadlo (s)	[prʃiːrutʃni: zavazadlo]
carrinho (m)	vozík (m) na zavazadla	[voziːk na zavazadla]

aterragem (f)	přistání (s)	[prʃɪstaːni:]
pista (f) de aterragem	přistávací dráha (ž)	[prʃɪstaːvaʦi: dra:ha]
aterrar (vi)	přistávat	[prʃɪstaːvat]
escada (f) de avião	pojízdné schůdky (m mn)	[pojiːzdnɛ: sxu:tkɪ]

check-in (m)	registrace (ž)	[rɛgɪstraʦɛ]
balcão (m) do check-in	přepážka (ž) registrace	[prʃɛpaːʃka rɛgɪstraʦɛ]
fazer o check-in	zaregistrovat se	[zarɛgɪstrovat sɛ]
cartão (m) de embarque	palubní lístek (m)	[palubni: li:stɛk]
porta (f) de embarque	příchod (m) k nástupu	[prʃiːxot k na:stupu]

trânsito (m)	tranzit (m)	[tranzɪt]
esperar (vi, vt)	čekat	[tʃɛkat]
sala (f) de espera	čekárna (ž)	[tʃɛka:rna]
despedir-se de …	doprovázet	[doprova:zɛt]
despedir-se (vr)	loučit se	[loutʃɪt sɛ]

145. Bicicleta. Motocicleta

bicicleta (f)	kolo (s)	[kolo]
scotter, lambreta (f)	skútr (m)	[sku:tr]
mota (f)	motocykl (m)	[mototsɪkl]

ir de bicicleta	jet na kole	[jɛt na kolɛ]
guiador (m)	řídítka (s mn)	[rʒi:di:tka]
pedal (m)	pedál (m)	[pɛda:l]
travões (m pl)	brzdy (ž mn)	[brzdɪ]
selim (m)	sedlo (s)	[sɛdlo]

bomba (f) de ar	pumpa (ž)	[pumpa]
porta-bagagens (m)	nosič (m)	[nosɪtʃ]
lanterna (f)	světlo (s)	[svetlo]
capacete (m)	helma (ž)	[hɛlma]

roda (f)	kolo (s)	[kolo]
guarda-lamas (m)	blatník (m)	[blatni:k]
aro (m)	věnec (m)	[venɛʦ]
raio (m)	paprsek (m)	[paprsɛk]

Carros

146. Tipos de carros

carro, automóvel (m)	auto (s)	[auto]
carro (m) desportivo	sportovní auto (s)	[sportovni: auto]
limusine (f)	limuzína (ž)	[lɪmuzi:na]
todo o terreno (m)	terénní vozidlo (s)	[tɛrɛ:nni: vozɪdlo]
descapotável (m)	kabriolet (m)	[kabrɪolɛt]
minibus (m)	mikrobus (m)	[mɪkrobus]
ambulância (f)	sanitka (ž)	[sanɪtka]
limpa-neve (m)	sněžný pluh (m)	[sneʒni: plux]
camião (m)	náklaďák (m)	[na:klad'a:k]
camião-cisterna (m)	cisterna (ž)	[tsɪstɛrna]
carrinha (f)	dodávka (ž)	[doda:fka]
camião-trator (m)	tahač (m)	[tahaʧ]
atrelado (m)	přívěs (m)	[prʃi:ves]
confortável	komfortní	[komfortni:]
usado	ojetý	[oeti:]

147. Carros. Carroçaria

capô (m)	kapota (ž)	[kapota]
guarda-lamas (m)	blatník (m)	[blatni:k]
tejadilho (m)	střecha (ž)	[strʃɛxa]
para-brisa (m)	ochranné sklo (s)	[oxrannɛ: sklo]
espelho (m) retrovisor	zpětné zrcátko (s)	[spetnɛ: zrtsa:tko]
lavador (m)	ostřikovač (m)	[ostrʃɪkovaʧ]
limpa-para-brisas (m)	stírače (m mn)	[sti:raʧɛ]
vidro (m) lateral	boční sklo (s)	[botʃni: sklo]
elevador (m) do vidro	stahování okna (s)	[stahova:ni: okna]
antena (f)	anténa (ž)	[antɛ:na]
teto solar (m)	střešní okno (s)	[strʃɛʃni: okno]
para-choques (m pl)	nárazník (m)	[na:razni:k]
bagageira (f)	kufr (m)	[kufr]
bagageira (f) de tejadilho	nosič (m)	[nosɪʧ]
porta (f)	dveře (ž mn)	[dvɛrʒɛ]
maçaneta (f)	klika (ž)	[klɪka]
fechadura (f)	zámek (m)	[za:mɛk]
matrícula (f)	statní poznávací značka (ž)	[statni: pozna:vatsi: znaʧka]
silenciador (m)	tlumič (m)	[tlumɪʧ]

tanque (m) de gasolina	nádržka (ž) na benzín	[na:drʃka na bɛnzi:n]
tubo (m) de escape	výfuková trubka (ž)	[vi:fukova: trupka]

acelerador (m)	plyn (m)	[plɪn]
pedal (m)	pedál (m)	[pɛda:l]
pedal (m) do acelerador	plynový pedál (m)	[plɪnovi: pɛda:l]

travão (m)	brzda (ž)	[brzda]
pedal (m) do travão	brzdový pedál (m)	[brzdovi: pɛda:l]
travar (vt)	brzdit	[brzdɪt]
travão (m) de mão	parkovací brzda (ž)	[parkovaʦi: brzda]

embraiagem (f)	spojka (ž)	[spojka]
pedal (m) da embraiagem	spojkový pedál (m)	[spojkovi: pɛda:l]
disco (m) de embraiagem	spojkový kotouč (m)	[spojkovi: kotouʧ]
amortecedor (m)	tlumič (m)	[tlumɪʧ]

roda (f)	kolo (s)	[kolo]
pneu (m) sobresselente	náhradní kolo (s)	[na:hradni: kolo]
tampão (m) de roda	poklice (ž)	[poklɪʦɛ]

rodas (f pl) motrizes	hnací kola (s mn)	[hnaʦi: kola]
de tração dianteira	s pohonem předních kol	[s pohonɛm přɛdni:x kol]
de tração traseira	s pohonem zadních kol	[s pohonɛm zadni:x kol]
de tração às 4 rodas	s pohonem všech kol	[s pohonɛm vʃɛx kol]

caixa (f) de mudanças	převodová skříň (ž)	[přɛvodova: skřji:nʲ]
automático	samočinný	[samoʧɪnni:]
mecânico	mechanický	[mɛxanɪtski:]
alavanca (f) das mudanças	převodová páka (ž)	[přɛvodova: pa:ka]

farol (m)	světlo (s)	[svetlo]
faróis, luzes	světla (s mn)	[svetla]

médios (m pl)	potkávací světla (s mn)	[potka:vaʦi: svetla]
máximos (m pl)	dálková světla (s mn)	[da:lkova: svetla]
luzes (f pl) de stop	brzdová světla (s mn)	[brzdova: svetla]

mínimos (m pl)	obrysová světla (s mn)	[obrɪsova: svetla]
luzes (f pl) de emergência	havarijní světla (s mn)	[havarɪjni: svetla]
faróis (m pl) antinevoeiro	mlhovky (ž mn)	[mlhofkɪ]
pisca-pisca (m)	směrové světlo (s)	[smnerovɛ: svetlo]
luz (f) de marcha atrás	zpětné světlo (s)	[spetnɛ svetlo]

148. Carros. Habitáculo

interior (m) do carro	interiér (m)	[ɪntɛrjɛ:r]
de couro, de pele	kožený	[koʒeni:]
de veludo	velurový	[vɛlurovi:]
estofos (m pl)	potah (m)	[potax]

indicador (m)	přístroj (m)	[přʃi:stroj]
painel (m) de instrumentos	přístrojová deska (ž)	[přʃi:strojova: dɛska]
velocímetro (m)	rychloměr (m)	[rɪxlomner]

ponteiro (m)	ručička (ž)	[rutʃɪtʃka]
conta-quilómetros (m)	počítač (m) kilometrů	[potʃi:tatʃ kɪlomɛtru:]
sensor (m)	snímač (m)	[sni:matʃ]
nível (m)	hladina (ž)	[hladɪna]
luz (f) avisadora	lampička (ž)	[lampɪtʃka]

volante (m)	volant (m)	[volant]
buzina (f)	houkačka (ž)	[houkatʃka]
botão (m)	tlačítko (s)	[tlatʃi:tko]
interruptor (m)	přepínač (m)	[prʃɛpi:natʃ]

assento (m)	sedadlo (s)	[sɛdadlo]
costas (f pl) do assento	opěradlo (m)	[operadlo]
cabeceira (f)	podhlavník (m)	[pothlavni:k]
cinto (m) de segurança	bezpečnostní pás (m)	[bɛzpɛtʃnostni: pa:s]
apertar o cinto	připásat se	[prʃɪpa:sat sɛ]
regulação (f)	regulování (s)	[rɛgulova:ni:]

| airbag (m) | nafukovací vak (m) | [nafukovatsi: vak] |
| ar (m) condicionado | klimatizátor (m) | [klɪmatɪza:tor] |

rádio (m)	rádio (s)	[ra:dɪo]
leitor (m) de CD	CD přehrávač (m)	[tsɛ:dɛ: prʃɛhra:vatʃ]
ligar (vt)	zapnout	[zapnout]
antena (f)	anténa (ž)	[antɛ:na]
porta-luvas (m)	přihrádka (ž)	[prʃɪhra:tka]
cinzeiro (m)	popelník (m)	[popɛlni:k]

149. Carros. Motor

motor (m)	motor (m)	[motor]
diesel	dieselový	[dɪzɪlovi:]
a gasolina	benzínový	[bɛnzi:novi:]

cilindrada (f)	obsah (m) motoru	[opsax motoru]
potência (f)	výkon (m)	[vi:kon]
cavalo-vapor (m)	koňská síla (ž)	[konʲska: si:la]
pistão (m)	píst (m)	[pi:st]
cilindro (m)	cylindr (m)	[tsɪlɪndr]
válvula (f)	ventil (m)	[vɛntɪl]

injetor (m)	injektor (m)	[ɪnjɛktor]
gerador (m)	generátor (m)	[genera:tor]
carburador (m)	karburátor (m)	[karbura:tor]
óleo (m) para motor	motorový olej (m)	[motorovi: olɛj]

radiador (m)	chladič (m)	[xladɪtʃ]
refrigerante (m)	chladicí kapalina (ž)	[xladɪtsi: kapalɪna]
ventilador (m)	ventilátor (m)	[vɛntɪla:tor]

bateria (f)	akumulátor (m)	[akumula:tor]
dispositivo (m) de arranque	startér (m)	[startɛ:r]
ignição (f)	zapalování (s)	[zapalova:ni:]
vela (f) de ignição	zapalovací svíčka (ž)	[zapalovatsi: svi:tʃka]

borne (m)	svorka (ž)	[svorka]
borne (m) positivo	plus (m)	[plus]
borne (m) negativo	minus (m)	[mi:nus]
fusível (m)	pojistka (ž)	[pojɪstka]

filtro (m) de ar	vzduchový filtr (m)	[vzduxovi: fɪltr]
filtro (m) de óleo	olejový filtr (m)	[olɛjovi: fɪltr]
filtro (m) de combustível	palivový filtr (m)	[palɪvovi: fɪltr]

150. Carros. Batidas. Reparação

acidente (m) de carro	havárie (ž)	[hava:rɪe]
acidente (m) rodoviário	dopravní nehoda (ž)	[dopravni: nɛhoda]
ir contra ...	narazit	[narazɪt]
sofrer um acidente	rozbít se	[rozbi:t sɛ]
danos (m pl)	poškození (s)	[poʃkozɛni:]
intato	celý	[tsɛli:]

avaria (no motor, etc.)	porucha (ž)	[poruxa]
avariar (vi)	porouchat se	[porouxat sɛ]
cabo (m) de reboque	vlečné lano (s)	[vlɛtʃnɛ: lano]

furo (m)	píchnutí (s)	[pi:xnuti:]
estar furado	splasknout	[splasknout]
encher (vt)	nafukovat	[nafukovat]
pressão (f)	tlak (m)	[tlak]
verificar (vt)	prověřit	[proverʒɪt]

reparação (f)	oprava (ž)	[oprava]
oficina (f)	opravna (ž)	[opravna]
de reparação de carros		
peça (f) sobresselente	náhradní díl (m)	[na:hradni: di:l]
peça (f)	díl (m)	[di:l]

parafuso (m)	šroub (m)	[ʃroup]
parafuso (m)	šroub (m)	[ʃroup]
porca (f)	matice (ž)	[matɪtsɛ]
anilha (f)	podložka (ž)	[podloʃka]
rolamento (m)	ložisko (s)	[loʒɪsko]

tubo (m)	trubka (ž)	[trupka]
junta (f)	vložka (ž)	[vloʃka]
fio, cabo (m)	vodič (m)	[vodɪtʃ]

macaco (m)	zvedák (m)	[zvɛda:k]
chave (f) de boca	francouzský klíč (m)	[frantsouski: kli:tʃ]
martelo (m)	kladivo (s)	[kladɪvo]
bomba (f)	pumpa (ž)	[pumpa]
chave (f) de fendas	šroubovák (m)	[ʃroubova:k]

extintor (m)	hasicí přístroj (m)	[hasɪtsi: prʃi:stroj]
triângulo (m) de emergência	výstražný trojúhelník (ž)	[vi:straʒni: troju:hɛlnik]
parar (vi) (motor)	zhasínat	[zhasi:nat]
paragem (f)	zastavení (s)	[zastavɛni:]

estar quebrado	být porouchaný	[bi:t porouxani:]
superaquecer-se (vr)	přehřát se	[prʃɛhrʒa:t sɛ]
congelar-se (vr)	zamrznout	[zamrznout]
rebentar (vi)	puknout	[puknout]

pressão (f)	tlak (m)	[tlak]
nível (m)	hladina (ž)	[hladɪna]
frouxo	slabý	[slabi:]

mossa (f)	promáčknutí (s)	[proma:tʃknuti:]
ruído (m)	klapot (m)	[klapot]
fissura (f)	prasklina (ž)	[prasklɪna]
arranhão (m)	rýha (ž)	[ri:ha]

151. Carros. Estrada

estrada (f)	cesta (ž)	[tsɛsta]
autoestrada (f)	dálnice (ž)	[da:lnɪtsɛ]
rodovia (f)	silnice (ž)	[sɪlnɪtsɛ]
direção (f)	směr (m)	[smner]
distância (f)	vzdálenost (ž)	[vzda:lɛnost]

ponte (f)	most (m)	[most]
parque (m) de estacionamento	parkoviště (s)	[parkovɪʃte]
praça (f)	náměstí (s)	[na:mnesti:]
nó (m) rodoviário	nadjezd (m)	[nadjɛzt]
túnel (m)	podjezd (m)	[podjɛzt]

posto (m) de gasolina	benzínová stanice (ž)	[bɛnzi:nova: stanɪtsɛ]
parque (m) de estacionamento	parkoviště (s)	[parkovɪʃte]
bomba (f) de gasolina	benzínová pumpa (ž)	[bɛnzi:nova: pumpa]
oficina (f) de reparação de carros	autoopravna (ž)	[autoopravna]
abastecer (vt)	natankovat	[nataŋkovat]
combustível (m)	palivo (s)	[palɪvo]
bidão (m) de gasolina	kanystr (m)	[kanɪstr]

asfalto (m)	asfalt (m)	[asfalt]
marcação (f) de estradas	označení (s)	[oznatʃɛni:]
lancil (m)	obrubník (m)	[obrubni:k]
proteção (f) guard-rail	ochranné zábradlí (s)	[oxrannɛ za:bradli:]
valeta (f)	příkop (m)	[prʃi:kop]
berma (f) da estrada	krajnice (ž)	[krajnɪtsɛ]
poste (m) de luz	sloup (m)	[sloup]

conduzir, guiar (vt)	řídit	[rʒi:dɪt]
virar (ex. ~ à direita)	zatáčet	[zata:tʃɛt]
dar retorno	otáčet se	[ota:tʃɛt sɛ]
marcha-atrás (f)	zpáteční rychlost (ž)	[spa:tɛtʃni: rɪxlost]

buzinar (vi)	houkat	[houkat]
buzina (f)	houkání (s)	[houka:ni:]
atolar-se (vr)	uváznout	[uva:znout]
patinar (na lama)	prokluzovat	[prokluzovat]

137

desligar (vt)	zastavovat	[zastavovat]
velocidade (f)	rychlost (ž)	[rɪxlost]
exceder a velocidade	překročit dovolenou rychlost	[prʃɛkrotʃɪt dovolɛnou rɪxlost]
multar (vt)	pokutovat	[pokutovat]
semáforo (m)	semafor (m)	[sɛmafor]
carta (f) de condução	řidičský průkaz (m)	[rʒɪdɪtʃski: pru:kaz]
passagem (f) de nível	přejezd (m)	[prʃɛjɛzt]
cruzamento (m)	křižovatka (ž)	[krʃɪʒovatka]
passadeira (f)	přechod (m) pro chodce	[prʃɛxot pro xodtsɛ]
curva (f)	zatáčka (ž)	[zata:tʃka]
zona (f) pedonal	pěší zóna (ž)	[peʃi: zo:na]

PESSOAS. EVENTOS

Eventos

152. Férias. Evento

festa (f)	svátek (m)	[sva:tɛk]
festa (f) nacional	národní svátek (m)	[na:rodni: sva:tɛk]
feriado (m)	sváteční den (m)	[sva:tɛt∫ni: dɛn]
festejar (vt)	oslavovat	[oslavovat]
evento (festa, etc.)	událost (ž)	[uda:lost]
evento (banquete, etc.)	akce (ž)	[aktsɛ]
banquete (m)	banket (m)	[baŋkɛt]
receção (f)	recepce (ž)	[rɛtsɛptsɛ]
festim (m)	hostina (ž)	[hostɪna]
aniversário (m)	výročí (s)	[vi:rot∫i:]
jubileu (m)	jubileum (s)	[jubɪlɛjum]
celebrar (vt)	oslavit	[oslavɪt]
Ano (m) Novo	Nový rok (m)	[novi: rok]
Feliz Ano Novo!	Šťastný nový rok!	[∫t'astni: novi: rok]
Natal (m)	Vánoce (ž mn)	[va:notsɛ]
Feliz Natal!	Veselé Vánoce!	[vɛsɛlɛ: va:notsɛ]
árvore (f) de Natal	vánoční stromek (m)	[va:not∫ni: stromɛk]
fogo (m) de artifício	ohňostroj (m)	[ohnʲostroj]
boda (f)	svatba (ž)	[svatba]
noivo (m)	ženich (m)	[ʒenɪx]
noiva (f)	nevěsta (ž)	[nɛvesta]
convidar (vt)	zvát	[zva:t]
convite (m)	pozvánka (ž)	[pozva:ŋka]
convidado (m)	host (m)	[host]
visitar (vt)	jít na návštěvu	[ji:t na na:v∫tevu]
receber os hóspedes	vítat hosty	[vitat hostɪ]
presente (m)	dárek (m)	[da:rɛk]
oferecer (vt)	darovat	[darovat]
receber presentes	dostávat dárky	[dosta:vat da:rkɪ]
ramo (m) de flores	kytice (ž)	[kɪtɪtsɛ]
felicitações (f pl)	blahopřání (s)	[blahopr∫a:ni:]
felicitar (dar os parabéns)	blahopřát	[blahopr∫a:t]
cartão (m) de parabéns	blahopřejný lístek (m)	[blahopr∫ɛjni: li:stɛk]
enviar um postal	poslat lístek	[poslat li:stɛk]

receber um postal	dostat lístek	[dostat li:stɛk]
brinde (m)	přípitek (m)	[prʃi:pɪtɛk]
oferecer (vt)	častovat	[ʧastovat]
champanhe (m)	šampaňské (s)	[ʃampanⁱskɛ:]

divertir-se (vr)	bavit se	[bavɪt sɛ]
diversão (f)	zábava (ž)	[za:bava]
alegria (f)	radost (ž)	[radost]

| dança (f) | tanec (m) | [tanɛʦ] |
| dançar (vi) | tančit | [tanʧɪt] |

| valsa (f) | valčík (m) | [valʧi:k] |
| tango (m) | tango (s) | [tango] |

153. Funerais. Enterro

cemitério (m)	hřbitov (m)	[hrʒbɪtof]
sepultura (f), túmulo (m)	hrob (m)	[hrop]
cruz (f)	kříž (m)	[krʃi:ʃ]
lápide (f)	náhrobek (m)	[na:hrobɛk]
cerca (f)	ohrádka (ž)	[ohra:tka]
capela (f)	kaple (ž)	[kaplɛ]

morte (f)	úmrtí (s)	[u:mrti:]
morrer (vi)	umřít	[umrʒi:t]
defunto (m)	zemřelý (m)	[zɛmrʒɛli:]
luto (m)	smutek (m)	[smutɛk]

enterrar, sepultar (vt)	pohřbívat	[pohrʒbi:vat]
agência (f) funerária	pohřební ústav (m)	[pohrʒɛbni: u:staf]
funeral (m)	pohřeb (m)	[pohrʒɛp]

coroa (f) de flores	věnec (m)	[venɛʦ]
caixão (m)	rakev (ž)	[rakɛf]
carro (m) funerário	katafalk (m)	[katafalk]
mortalha (f)	pohřební roucho (m)	[pohrʒɛbni: rouxo]

| urna (f) funerária | popelnice (ž) | [popɛlnɪʦɛ] |
| crematório (m) | krematorium (s) | [krɛmatorɪum] |

obituário (m), necrologia (f)	nekrolog (m)	[nɛkrolog]
chorar (vi)	plakat	[plakat]
soluçar (vi)	vzlykat	[vzlɪkat]

154. Guerra. Soldados

pelotão (m)	četa (ž)	[ʧɛta]
companhia (f)	rota (ž)	[rota]
regimento (m)	pluk (m)	[pluk]
exército (m)	armáda (ž)	[arma:da]
divisão (f)	divize (ž)	[dɪvɪzɛ]

| destacamento (m) | oddíl (m) | [oddi:l] |
| hoste (f) | vojsko (s) | [vojsko] |

| soldado (m) | voják (m) | [voja:k] |
| oficial (m) | důstojník (m) | [du:stojni:k] |

soldado (m) raso	vojín (m)	[voji:n]
sargento (m)	seržant (m)	[sɛrʒant]
tenente (m)	poručík (m)	[porutʃi:k]
capitão (m)	kapitán (m)	[kapɪta:n]
major (m)	major (m)	[major]
coronel (m)	plukovník (m)	[plukovni:k]
general (m)	generál (m)	[gɛnɛra:l]

marujo (m)	námořník (m)	[na:morʒni:k]
capitão (m)	kapitán (m)	[kapɪta:n]
contramestre (m)	loďmistr (m)	[lodʲmɪstr]

artilheiro (m)	dělostřelec (m)	[delostrʃɛlɛts]
soldado (m) paraquedista	výsadkář (m)	[vi:satka:rʃ]
piloto (m)	letec (m)	[lɛtɛts]
navegador (m)	navigátor (m)	[navɪga:tor]
mecânico (m)	mechanik (m)	[mɛxanɪk]

sapador (m)	ženista (m)	[ʒenɪsta]
paraquedista (m)	parašutista (m)	[paraʃutɪsta]
explorador (m)	rozvědčík (m)	[rozvedtʃi:k]
franco-atirador (m)	odstřelovač (m)	[otstrʃɛlovatʃ]

patrulha (f)	hlídka (ʔ)	[hli:tka]
patrulhar (vt)	hlídkovat	[hlɪ:tkovat]
sentinela (f)	strážný (m)	[stra:ʒni:]

guerreiro (m)	vojín (m)	[voji:n]
patriota (m)	vlastenec (m)	[vlastɛnɛts]
herói (m)	hrdina (m)	[hrdɪna]
heroína (f)	hrdinka (ž)	[hrdɪŋka]

traidor (m)	zrádce (m)	[zra:dtsɛ]
desertor (m)	zběh (m)	[zbex]
desertar (vt)	dezertovat	[dɛzɛrtovat]

mercenário (m)	žoldnéř (m)	[ʒoldnɛ:rʃ]
recruta (m)	branec (m)	[branɛts]
voluntário (m)	dobrovolník (m)	[dobrovolni:k]

morto (m)	zabitý (m)	[zabɪti:]
ferido (m)	raněný (m)	[raneni:]
prisioneiro (m) de guerra	zajatec (m)	[zajatɛts]

155. Guerra. Ações militares. Parte 1

| guerra (f) | válka (ž) | [va:lka] |
| guerrear (vt) | bojovat | [bojovat] |

guerra (f) civil	občanská válka (ž)	[obtʃanska: vaːlka]
perfidamente	věrolomně	[verolomne]
declaração (f) de guerra	vyhlášení (s)	[vɪhlaːʃɛniː]
declarar (vt) guerra	vyhlásit	[vɪhlaːsɪt]
agressão (f)	agrese (ž)	[agrɛsɛ]
atacar (vt)	přepadat	[prʃɛpadat]

invadir (vt)	uchvacovat	[uxvaʦovat]
invasor (m)	uchvatitel (m)	[uxvatɪtɛl]
conquistador (m)	dobyvatel (m)	[dobɪvatɛl]

defesa (f)	obrana (ž)	[obrana]
defender (vt)	bránit	[braːnɪt]
defender-se (vr)	bránit se	[braːnɪt sɛ]

| inimigo, adversário (m) | nepřítel (m) | [nɛprʃiːtɛl] |
| inimigo | nepřátelský | [nɛprʃaːtɛlskiː] |

| estratégia (f) | strategie (ž) | [stratɛgɪe] |
| tática (f) | taktika (ž) | [taktɪka] |

ordem (f)	rozkaz (m)	[roskas]
comando (m)	povel (m)	[povɛl]
ordenar (vt)	rozkazovat	[roskazovat]
missão (f)	úkol (m)	[uːkol]
secreto	tajný	[tajniː]

| batalha (f) | bitva (ž) | [bɪtva] |
| combate (m) | boj (m) | [boj] |

ataque (m)	útok (m)	[uːtok]
assalto (m)	útok (m)	[uːtok]
assaltar (vt)	dobývat útokem	[dobiːvat uːtokɛm]
assédio, sítio (m)	obležení (s)	[oblɛʒeniː]

| ofensiva (f) | ofenzíva (ž) | [ofɛnziːva] |
| passar à ofensiva | zahájit ofenzivu | [zahaːjɪt ofɛnzivu] |

| retirada (f) | ústup (m) | [uːstup] |
| retirar-se (vr) | ustupovat | [ustupovat] |

| cerco (m) | obklíčení (s) | [opkliːtʃɛniː] |
| cercar (vt) | obkličovat | [opklɪtʃovat] |

bombardeio (m)	bombardování (s)	[bombardovaːniː]
lançar uma bomba	shodit pumu	[sxodɪt pumu]
bombardear (vt)	bombardovat	[bombardovat]
explosão (f)	výbuch (m)	[viːbux]

tiro (m)	výstřel (m)	[viːstrʃɛl]
disparar um tiro	vystřelit	[vɪstrʒɛlɪt]
tiroteio (m)	střelba (ž)	[strʃɛlba]

apontar para ...	mířit	[miːrʒɪt]
apontar (vt)	zamířit	[zamiːrʒɪt]
acertar (vt)	zasáhnout	[zasaːhnout]

afundar (um navio)	potopit	[potopɪt]
brecha (f)	trhlina (ž)	[trhlɪna]
afundar-se (vr)	topit se	[topɪt sɛ]

frente (m)	fronta (ž)	[fronta]
evacuação (f)	evakuace (ž)	[ɛvakuatsɛ]
evacuar (vt)	evakuovat	[ɛvakuovat]

arame (m) farpado	ostnatý drát (m)	[ostnati: dra:t]
obstáculo (m) anticarro	zátaras (m)	[za:taras]
torre (f) de vigia	věž (ž)	[veʃ]

hospital (m)	vojenská nemocnice (ž)	[vojɛnska: nɛmotsnɪtsɛ]
ferir (vt)	zranit	[zranɪt]
ferida (f)	rána (ž)	[ra:na]
ferido (m)	raněný (m)	[raneni:]
ficar ferido	utrpět zranění	[utrpet zraneni:]
grave (ferida ~)	těžký	[teʃki:]

156. Armas

arma (f)	zbraň (ž)	[zbranʲ]
arma (f) de fogo	střelná zbraň (ž)	[strʃɛlna: zbranʲ]
arma (f) branca	bodná a sečná zbraň (ž)	[bodna: a sɛtʃna: zbranʲ]

arma (f) química	chemická zbraň (ž)	[xɛmɪtska: zbranʲ]
nuclear	jaderný	[jadɛrni:]
arma (f) nuclear	jadorná zbraň (ž)	[jadɛrna: zbranʲ]

bomba (f)	puma (ž)	[puma]
bomba (f) atómica	atomová puma (ž)	[atomova: puma]

pistola (f)	pistole (ž)	[pɪstolɛ]
caçadeira (f)	puška (ž)	[puʃka]
pistola-metralhadora (f)	samopal (m)	[samopal]
metralhadora (f)	kulomet (m)	[kulomɛt]

boca (f)	ústí (s) hlavně	[u:sti: hlavne]
cano (m)	hlaveň (ž)	[hlavɛnʲ]
calibre (m)	ráž (ž)	[ra:ʃ]

gatilho (m)	kohoutek (m)	[kohoutɛk]
mira (f)	hledí (s)	[hlɛdi:]
carregador (m)	zásobník (m)	[za:sobni:k]
coronha (f)	pažba (ž)	[paʒba]

granada (f) de mão	granát (m)	[grana:t]
explosivo (m)	výbušnina (ž)	[vi:buʃnɪna]

bala (f)	kulka (ž)	[kulka]
cartucho (m)	náboj (m)	[na:boj]
carga (f)	nálož (ž)	[na:loʃ]
munições (f pl)	střelivo (s)	[strʃɛlɪvo]
bombardeiro (m)	bombardér (m)	[bombardɛ:r]

avião (m) de caça	stíhačka (ž)	[sti:hatʃka]
helicóptero (m)	vrtulník (m)	[vrtulni:k]

canhão (m) antiaéreo	protiletadlové dělo (s)	[protɪlɛtadlovɛ: delo]
tanque (m)	tank (m)	[taŋk]
canhão (de um tanque)	tankové dělo (s)	[taŋkovɛ: delo]

artilharia (f)	dělostřelectvo (s)	[delostrʃɛlɛtstvo]
canhão (m)	dělo (s)	[delo]
fazer a pontaria	zamířit	[zami:rʒɪt]

obus (m)	střela (ž)	[strʃɛla]
granada (f) de morteiro	mina (ž)	[mɪna]
morteiro (m)	minomet (m)	[mɪnomɛt]
estilhaço (m)	střepina (ž)	[strʃɛpɪna]

submarino (m)	ponorka (ž)	[ponorka]
torpedo (m)	torpédo (s)	[torpɛ:do]
míssil (m)	raketa (ž)	[rakɛta]

carregar (uma arma)	nabíjet	[nabi:jɛt]
atirar, disparar (vi)	střílet	[strʃi:lɛt]
apontar para ...	mířit	[mi:rʒɪt]
baioneta (f)	bodák (m)	[boda:k]

espada (f)	kord (m)	[kort]
sabre (m)	šavle (ž)	[ʃavlɛ]
lança (f)	kopí (s)	[kopi:]
arco (m)	luk (m)	[luk]
flecha (f)	šíp (m)	[ʃi:p]
mosquete (m)	mušketa (ž)	[muʃkɛta]
besta (f)	samostříl (m)	[samostrʃi:l]

157. Povos da antiguidade

primitivo	prvobytný	[prvobɪtni:]
pré-histórico	prehistorický	[prɛhɪstorɪtski:]
antigo	starobylý	[starobɪli:]

Idade (f) da Pedra	Doba (ž) kamenná	[doba kamɛnna:]
Idade (f) do Bronze	Doba (ž) bronzová	[doba bronzova:]
período (m) glacial	Doba (ž) ledová	[doba lɛdova:]

tribo (f)	kmen (m)	[kmɛn]
canibal (m)	lidojed (m)	[lɪdojɛt]
caçador (m)	lovec (m)	[lovɛts]
caçar (vi)	lovit	[lovɪt]
mamute (m)	mamut (m)	[mamut]

caverna (f)	jeskyně (ž)	[jɛskɪne]
fogo (m)	oheň (m)	[ohɛnʲ]
fogueira (f)	táborák (m)	[taborak]
pintura (f) rupestre	jeskynní malba (ž)	[jɛskɪnni: malba]
ferramenta (f)	pracovní nástroje (m mn)	[pratsovni: na:strojɛ]

lança (f)	oštěp (m)	[oʃtep]
machado (m) de pedra	kamenná sekera (ž)	[kamɛnna: sɛkɛra]
guerrear (vt)	bojovat	[bojovat]
domesticar (vt)	ochočovat	[oxotʃovat]

ídolo (m)	modla (ž)	[modla]
adorar, venerar (vt)	klanět se	[klanet sɛ]
superstição (f)	pověra (ž)	[povera]

evolução (f)	evoluce (ž)	[ɛvolutsɛ]
desenvolvimento (m)	rozvoj (m)	[rozvoj]
desaparecimento (m)	vymizení (s)	[vɪmɪzɛni:]
adaptar-se (vr)	přizpůsobovat se	[prʃɪspu:sobovat sɛ]

arqueologia (f)	archeologie (ž)	[arxɛologɪe]
arqueólogo (m)	archeolog (m)	[arxɛolog]
arqueológico	archeologický	[arxɛologɪtski:]

local (m) das escavações	vykopávky (ž mn)	[vɪkopa:fkɪ]
escavações (f pl)	vykopávky (ž mn)	[vɪkopa:fkɪ]
achado (m)	objev (m)	[objɛf]
fragmento (m)	část (ž)	[tʃa:st]

158. Idade média

povo (m)	lid, národ (m)	[lɪt], [na:rot]
povos (m pl)	národy (m mn)	[na:rodɪ]
tribo (f)	kmen (m)	[kmɛn]
tribos (f pl)	kmeny (m mn)	[kmɛnɪ]

bárbaros (m pl)	barbaři (m mn)	[barbarʒɪ]
gauleses (m pl)	Galové (m mn)	[galovɛ:]
godos (m pl)	Gótové (m mn)	[go:tovɛ:]
eslavos (m pl)	Slované (m mn)	[slovanɛ:]
víquingues (m pl)	Vikingové (m mn)	[vɪkɪngovɛ:]

romanos (m pl)	Římané (m mn)	[rʒi:manɛ:]
romano	římský	[rʒi:mski:]

bizantinos (m pl)	obyvatelé (m mn) Byzantské říše	[obɪvatɛlɛ: bɪzantskɛ: rʃi:ʃɛ]
Bizâncio	Byzantská říše (ž)	[bɪzantska: rʃi:ʃɛ]
bizantino	byzantský	[bɪzantski:]

imperador (m)	císař (m)	[tsi:sarʃ]
líder (m)	vůdce (m)	[vu:dtsɛ]
poderoso	mocný	[motsni:]
rei (m)	král (m)	[kra:l]
governante (m)	vladař (m)	[vladarʃ]

cavaleiro (m)	rytíř (m)	[rɪti:rʃ]
senhor feudal (m)	feudál (m)	[fɛuda:l]
feudal	feudální	[fɛuda:lni:]
vassalo (m)	vasal (m)	[vasal]

duque (m)	vévoda (m)	[vɛ:voda]
conde (m)	hrabě (m)	[hrabɛ]
barão (m)	barel (m)	[barɛl]
bispo (m)	biskup (m)	[bɪskup]

armadura (f)	brnění (s)	[brneni:]
escudo (m)	štít (m)	[ʃti:t]
espada (f)	meč (m)	[mɛtʃ]
viseira (f)	hledí (s)	[hlɛdi:]
cota (f) de malha	kroužková košile (ž)	[krouʃkova: koʃɪlɛ]

cruzada (f)	křižácká výprava (ž)	[krʃɪʒa:tska: vi:prava]
cruzado (m)	křižák (m)	[krʃɪʒa:k]

território (m)	území (s)	[u:zɛmi:]
atacar (vt)	přepadat	[prʃɛpadat]
conquistar (vt)	dobýt	[dobi:t]
ocupar, invadir (vt)	zmocnit se	[zmotsnɪt sɛ]

assédio, sítio (m)	obležení (s)	[oblɛʒeni:]
sitiado	obklíčený	[opkli:tʃɛni:]
assediar, sitiar (vt)	obkličovat	[opklɪtʃovat]

inquisição (f)	inkvizice (ž)	[ɪŋkvɪzɪtsɛ]
inquisidor (m)	inkvizitor (m)	[ɪŋkvɪzɪtor]
tortura (f)	mučení (s)	[mutʃɛni:]
cruel	krutý	[kruti:]
herege (m)	kacíř (m)	[katsi:rʃ]
heresia (f)	bludařství (s)	[bludarʃstvi:]

navegação (f) marítima	mořeplavba (ž)	[morʒɛplavba]
pirata (m)	pirát (m)	[pɪra:t]
pirataria (f)	pirátství (s)	[pɪra:tstvi:]
abordagem (f)	abordáž (ž)	[aborda:ʃ]
presa (f), butim (m)	kořist (ž)	[korʒɪst]
tesouros (m pl)	bohatství (s)	[bohatstvi:]

descobrimento (m)	objevení (s)	[objɛvɛni:]
descobrir (novas terras)	objevit	[objɛvɪt]
expedição (f)	výprava (ž)	[vi:prava]

mosqueteiro (m)	mušketýr (m)	[muʃkɛti:r]
cardeal (m)	kardinál (m)	[kardɪna:l]
heráldica (f)	heraldika (ž)	[hɛraldɪka]
heráldico	heraldický	[hɛraldɪtski:]

159. Líder. Chefe. Autoridades

rei (m)	král (m)	[kra:l]
rainha (f)	královna (ž)	[kra:lovna]
real	královský	[kra:lovski:]
reino (m)	království (s)	[kra:lovstvi:]
príncipe (m)	princ (m)	[prɪnts]
princesa (f)	princezna (ž)	[prɪntsɛzna]

presidente (m)	prezident (m)	[prɛzɪdɛnt]
vice-presidente (m)	viceprezident (m)	[vɪtsɛprɛzɪdɛnt]
senador (m)	senátor (m)	[sɛna:tor]

monarca (m)	monarcha (m)	[monarxa]
governante (m)	vladař (m)	[vladarʃ]
ditador (m)	diktátor (m)	[dɪkta:tor]
tirano (m)	tyran (m)	[tɪran]
magnata (m)	magnát (m)	[magna:t]

diretor (m)	ředitel (m)	[rʒɛdɪtɛl]
chefe (m)	šéf (m)	[ʃɛ:f]
dirigente (m)	správce (m)	[spra:vtsɛ]
patrão (m)	bos (m)	[bos]
dono (m)	majitel (m)	[majɪtɛl]

chefe (~ de delegação)	hlava (m)	[hlava]
autoridades (f pl)	úřady (m mn)	[u:rʒadɪ]
superiores (m pl)	vedení (s)	[vɛdɛni:]

governador (m)	gubernátor (m)	[gubɛrna:tor]
cônsul (m)	konzul (m)	[konzul]
diplomata (m)	diplomat (m)	[dɪplomat]
Presidente (m) da Câmara	primátor (m)	[prɪma:tor]
xerife (m)	šerif (m)	[ʃɛrɪf]

imperador (m)	císař (m)	[tsi:sarʃ]
czar (m)	car (m)	[tsar]
faraó (m)	faraón (m)	[farao:n]
cã (m)	chán (m)	[xa:n]

160. Viloação da lei. Criminosos. Parte 1

bandido (m)	bandita (m)	[bandɪta]
crime (m)	zločin (m)	[zlotʃɪn]
criminoso (m)	zločinec (m)	[zlotʃɪnɛts]

ladrão (m)	zloděj (m)	[zlodej]
roubar (vt)	krást	[kra:st]
furto (m)	loupež (ž)	[loupɛʃ]
furto (m)	krádež (ž)	[kra:dɛʃ]

raptar (ex. ~ uma criança)	unést	[unɛ:st]
rapto (m)	únos (m)	[u:nos]
raptor (m)	únosce (m)	[u:nostsɛ]

| resgate (m) | výkupné (s) | [vi:kupnɛ:] |
| pedir resgate | žádat výkupné | [ʒa:dat vi:kupnɛ:] |

roubar (vt)	loupit	[loupɪt]
assalto, roubo (m)	loupež (ž)	[loupɛʃ]
assaltante (m)	lupič (m)	[lupɪtʃ]
extorquir (vt)	vydírat	[vɪdi:rat]
extorsionário (m)	vyděrač (m)	[vɪdɛratʃ]

extorsão (f)	vyděračství (s)	[vɪderatʃstvi:]
matar, assassinar (vt)	zabít	[zabi:t]
homicídio (m)	vražda (ž)	[vraʒda]
homicida, assassino (m)	vrah (m)	[vrax]

tiro (m)	výstřel (m)	[vi:strʃɛl]
dar um tiro	vystřelit	[vɪstrʒɛlɪt]
matar a tiro	zastřelit	[zastrʃɛlɪt]
atirar, disparar (vi)	střílet	[strʃi:lɛt]
tiroteio (m)	střelba (ž)	[strʃɛlba]

incidente (m)	nehoda (ž)	[nɛhoda]
briga (~ de rua)	rvačka (ž)	[rvatʃka]
Socorro!	Pomoc!	[pomots]
vítima (f)	oběť (ž)	[obetʲ]

danificar (vt)	poškodit	[poʃkodɪt]
dano (m)	škoda (ž)	[ʃkoda]
cadáver (m)	mrtvola (ž)	[mrtvola]
grave	těžký	[teʃki:]

atacar (vt)	napadnout	[napadnout]
bater (espancar)	bít	[bi:t]
espancar (vt)	zbít	[zbi:t]
tirar, roubar (dinheiro)	odebrat	[odɛbrat]
esfaquear (vt)	zabít	[zabi:t]
mutilar (vt)	zmrzačit	[zmrzatʃɪt]
ferir (vt)	zranit	[zranɪt]

chantagem (f)	vyděračství (s)	[vɪderatʃstvi:]
chantagear (vt)	vydírat	[vɪdi:rat]
chantagista (m)	vyděrač (m)	[vɪderatʃ]

extorsão	vyděračství (s)	[vɪderatʃstvi:]
(em troca de proteção)		
extorsionário (m)	vyděrač (m)	[vɪderatʃ]
gângster (m)	gangster (m)	[gangstɛr]
máfia (f)	mafie (ž)	[mafɪe]

carteirista (m)	kapsář (m)	[kapsa:rʃ]
assaltante, ladrão (m)	kasař (m)	[kasarʃ]
contrabando (m)	pašování (s)	[paʃova:ni:]
contrabandista (m)	pašerák (m)	[paʃɛra:k]

falsificação (f)	padělání (s)	[padela:ni:]
falsificar (vt)	padělat	[padelat]
falsificado	padělaný	[padelani:]

161. Viloação da lei. Criminosos. Parte 2

violação (f)	znásilnění (s)	[zna:sɪlneni:]
violar (vt)	znásilnit	[zna:sɪlnɪt]
violador (m)	násilník (m)	[na:sɪlni:k]
maníaco (m)	maniak (m)	[manɪak]

prostituta (f)	prostitutka (ž)	[prostɪtutka]
prostituição (f)	prostituce (ž)	[prostɪtutsɛ]
chulo (m)	kuplíř (m)	[kupli:rʃ]
toxicodependente (m)	narkoman (m)	[narkoman]
traficante (m)	drogový dealer (m)	[drogovi: di:lɛr]
explodir (vt)	vyhodit do povětří	[vɪhodɪt do povetrʃi:]
explosão (f)	výbuch (m)	[vi:bux]
incendiar (vt)	zapálit	[zapa:lɪt]
incendiário (m)	žhář (m)	[ʒha:rʃ]
terrorismo (m)	terorismus (m)	[tɛrorɪzmus]
terrorista (m)	terorista (m)	[tɛrorɪsta]
refém (m)	rukojmí (m)	[rukojmi:]
enganar (vt)	oklamat	[oklamat]
engano (m)	podvod (m)	[podvot]
vigarista (m)	podvodník (m)	[podvodni:k]
subornar (vt)	podplatit	[potplatɪt]
suborno (atividade)	podplácení (s)	[potpla:tsɛni:]
suborno (dinheiro)	úplatek (m)	[u:platɛk]
veneno (m)	jed (m)	[jɛt]
envenenar (vt)	otrávit	[otra:vɪt]
envenenar-se (vr)	otrávit se	[otra:vɪt sɛ]
suicídio (m)	sebevražda (ž)	[sɛhɛvraʒda]
suicida (m)	sebevrah (m)	[sɛbɛvrax]
ameaçar (vt)	vyhrožovat	[vɪhroʒovat]
ameaça (f)	vyhrůžka (ž)	[vɪhru:ʃka]
atentar contra a vida de ...	páchat atentát	[pa:xat atenta:t]
atentado (m)	atentát (m)	[atɛnta:t]
roubar (o carro)	unést	[unɛ:st]
desviar (o avião)	unést	[unɛ:st]
vingança (f)	pomsta (ž)	[pomsta]
vingar (vt)	mstít se	[msti:t sɛ]
torturar (vt)	mučit	[mutʃɪt]
tortura (f)	mučení (s)	[mutʃɛni:]
atormentar (vt)	trápit	[tra:pɪt]
pirata (m)	pirát (m)	[pɪra:t]
desordeiro (m)	chuligán (m)	[xulɪga:n]
armado	ozbrojený	[ozbrojɛni:]
violência (f)	násilí (s)	[na:sɪli:]
espionagem (f)	špionáž (ž)	[ʃpɪona:ʃ]
espionar (vi)	špehovat	[ʃpɛhovat]

149

162. Polícia. Lei. Parte 1

justiça (f)	justice (ž)	[justɪtsɛ]
tribunal (m)	soud (m)	[sout]

juiz (m)	soudce (m)	[soudtsɛ]
jurados (m pl)	porotci (m mn)	[porottsɪ]
tribunal (m) do júri	porota (ž)	[porota]
julgar (vt)	soudit	[soudɪt]

advogado (m)	advokát (m)	[advoka:t]
réu (m)	obžalovaný (m)	[obʒalovani:]
banco (m) dos réus	lavice (ž) obžalovaných	[lavɪtsɛ obʒalovani:x]

acusação (f)	žaloba (ž)	[ʒaloba]
acusado (m)	obžalovaný (m)	[obʒalovani:]

sentença (f)	rozsudek (m)	[rozsudɛk]
sentenciar (vt)	odsoudit	[otsoudɪt]

culpado (m)	viník (m)	[vɪni:k]
punir (vt)	potrestat	[potrɛstat]
punição (f)	trest (m)	[trɛst]

multa (f)	pokuta (ž)	[pokuta]
prisão (f) perpétua	doživotní vězení (s)	[doʒɪvotni: vezɛni:]
pena (f) de morte	trest (m) smrti	[trɛst smrtɪ]
cadeira (f) elétrica	elektrické křeslo (s)	[ɛlɛktrɪtskɛ: krʃɛslo]
forca (f)	šibenice (ž)	[ʃɪbɛnɪtsɛ]

executar (vt)	popravit	[popravɪt]
execução (f)	poprava (ž)	[poprava]

prisão (f)	vězení (s)	[vezɛni:]
cela (f) de prisão	cela (ž)	[tsɛla]

escolta (f)	ozbrojený doprovod (m)	[ozbrojɛni: doprovot]
guarda (m) prisional	dozorce (m)	[dozortsɛ]
preso (m)	vězeň (m)	[vezɛnʲ]

algemas (f pl)	pouta (s mn)	[pouta]
algemar (vt)	nasadit pouta	[nasadɪt pouta]

fuga, evasão (f)	útěk (m)	[u:tek]
fugir (vi)	uprchnout	[uprxnout]
desaparecer (vi)	zmizet	[zmɪzɛt]
soltar, libertar (vt)	propustit	[propustɪt]
amnistia (f)	amnestie (ž)	[amnɛstɪɛ]

polícia (instituição)	policie (ž)	[polɪtsɪɛ]
polícia (m)	policista (m)	[polɪtsɪsta]
esquadra (f) de polícia	policejní stanice (ž)	[polɪtsɛjni: stanɪtsɛ]
cassetete (m)	gumový obušek (m)	[gumovi: obuʃɛk]
megafone (m)	hlásná trouba (ž)	[hla:sna: trouba]
carro (m) de patrulha	policejní vůz (m)	[polɪtsɛjni: vu:z]

sirene (f)	houkačka (ž)	[houkatʃka]
ligar a sirene	zapnout houkačku	[zapnout houkatʃku]
toque (m) da sirene	houkání (s)	[houka:ni:]

cena (f) do crime	místo (s) činu	[mi:sto tʃɪnu]
testemunha (f)	svědek (m)	[svedɛk]
liberdade (f)	svoboda (ž)	[svoboda]
cúmplice (m)	spolupachatel (m)	[spolupaxatɛl]
escapar (vi)	zmizet	[zmɪzɛt]
traço (não deixar ~s)	stopa (ž)	[stopa]

163. Polícia. Lei. Parte 2

procura (f)	pátrání (s)	[pa:tra:ni:]
procurar (vt)	pátrat	[pa:trat]
suspeita (f)	podezření (s)	[podɛzrʒɛni:]
suspeito	podezřelý	[podɛzrʒɛli:]
parar (vt)	zastavit	[zastavɪt]
deter (vt)	zadržet	[zadrʒet]

caso (criminal)	případ (m)	[prʃi:pat]
investigação (f)	vyšetřování (s)	[vɪʃɛtrʃova:ni:]
detetive (m)	detektiv (m)	[dɛtɛktɪf]
investigador (m)	vyšetřovatel (m)	[vɪʃɛtrʃovatɛl]
versão (f)	verze (ž)	[vɛrzɛ]

motivo (m)	motiv (m)	[motɪf]
interrogatório (m)	výslech (m)	[vi:slɛx]
interrogar (vt)	vyslýchat	[vɪsli:xat]
questionar (vt)	vyslýchat	[vɪsli:xat]
verificação (f)	kontrola (ž)	[kontrola]

batida (f) policial	zátah (m)	[za:tax]
busca (f)	prohlídka (ž)	[prohli:tka]
perseguição (f)	stíhání (s)	[sti:ha:ni:]
perseguir (vt)	pronásledovat	[prona:slɛdovat]
seguir (vt)	sledovat	[slɛdovat]

prisão (f)	zatčení (s)	[zatʃɛni:]
prender (vt)	zatknout	[zatknout]
pegar, capturar (vt)	chytit	[xɪtɪt]
captura (f)	chycení (s)	[xɪtsɛni:]

documento (m)	dokument (m)	[dokumɛnt]
prova (f)	důkaz (m)	[du:kaz]
provar (vt)	dokazovat	[dokazovat]
pegada (f)	stopa (ž)	[stopa]
impressões (f pl) digitais	otisky (m mn) prstů	[otɪskɪ prstu:]
prova (f)	důkaz (m)	[du:kaz]

álibi (m)	alibi (s)	[alɪbɪ]
inocente	nevinný	[nɛvɪnni:]
injustiça (f)	nespravedlivost (ž)	[nɛspravɛdlɪvost]
injusto	nespravedlivý	[nɛspra:vɛdlɪvi:]

criminal	kriminální	[krɪmɪna:lni:]
confiscar (vt)	konfiskovat	[konfɪskovat]
droga (f)	droga (ž)	[droga]
arma (f)	zbraň (ž)	[zbranʲ]
desarmar (vt)	odzbrojit	[odzbrojɪt]
ordenar (vt)	rozkazovat	[roskazovat]
desaparecer (vi)	zmizet	[zmɪzɛt]

lei (f)	zákon (m)	[za:kon]
legal	zákonný	[za:konni:]
ilegal	nezákonný	[nɛza:konni:]

responsabilidade (f)	odpovědnost (ž)	[otpovednost]
responsável	odpovědný	[otpovedni:]

NATUREZA

A Terra. Parte 1

164. Espaço sideral

cosmos (m)	kosmos (m)	[kosmos]
cósmico	kosmický	[kosmɪtski:]
espaço (m) cósmico	kosmický prostor (m)	[kosmɪtski: prostor]
mundo, universo (m)	vesmír (m)	[vɛsmi:r]
galáxia (f)	galaxie (ž)	[galaksɪe]
estrela (f)	hvězda (ž)	[hvezda]
constelação (f)	souhvězdí (s)	[souhvɛzdi:]
planeta (m)	planeta (ž)	[planɛta]
satélite (m)	družice (ž)	[druʒɪtsɛ]
meteorito (m)	meteorit (m)	[mɛtɛorɪt]
cometa (m)	kometa (ž)	[komɛta]
asteroide (m)	asteroid (m)	[astɛroɪt]
órbita (f)	oběžná dráha (ž)	[obeʒna: dra:ha]
girar (vi)	otáčet se	[ota:ʧɛt sɛ]
atmosfera (f)	atmosféra (ž)	[atmosfɛ:ra]
Sol (m)	Slunce (s)	[sluntsɛ]
Sistema (m) Solar	sluneční soustava (ž)	[slunɛʧni: soustava]
eclipse (m) solar	sluneční zatmění (s)	[slunɛʧni: zatmneni:]
Terra (f)	Země (ž)	[zɛmnɛ]
Lua (f)	Měsíc (m)	[mnesi:ts]
Marte (m)	Mars (m)	[mars]
Vénus (f)	Venuše (ž)	[vɛnuʃɛ]
Júpiter (m)	Jupiter (m)	[jupɪtɛr]
Saturno (m)	Saturn (m)	[saturn]
Mercúrio (m)	Merkur (m)	[mɛrkur]
Urano (m)	Uran (m)	[uran]
Neptuno (m)	Neptun (m)	[nɛptun]
Plutão (m)	Pluto (s)	[pluto]
Via Láctea (f)	Mléčná dráha (ž)	[mlɛ:ʧna: dra:ha]
Ursa Maior (f)	Velká medvědice (ž)	[vɛlka: mɛdvedɪtsɛ]
Estrela Polar (f)	Polárka (ž)	[pola:rka]
marciano (m)	Marťan (m)	[martʲan]
extraterrestre (m)	mimozemšťan (m)	[mɪmozɛmʃtʲan]

alienígena (m)	vetřelec (m)	[vɛtrʃɛlɛts]
disco (m) voador	létající talíř (m)	[lɛ:taji:tsi: tali:rʃ]

nave (f) espacial	kosmická loď (ž)	[kosmɪtska: lotʲ]
estação (f) orbital	orbitální stanice (ž)	[orbɪta:lni: stanɪtsɛ]
lançamento (m)	start (m)	[start]

motor (m)	motor (m)	[motor]
bocal (m)	tryska (ž)	[trɪska]
combustível (m)	palivo (s)	[palɪvo]

cabine (f)	kabina (ž)	[kabɪna]
antena (f)	anténa (ž)	[antɛ:na]
vigia (f)	okénko (s)	[okɛ:ŋko]
bateria (f) solar	sluneční baterie (ž)	[slunɛtʃni: batɛrɪe]
traje (m) espacial	skafandr (m)	[skafandr]

imponderabilidade (f)	beztížný stav (m)	[bɛzti:ʒni: staf]
oxigénio (m)	kyslík (m)	[kɪsli:k]

acoplagem (f)	spojení (s)	[spojɛni:]
fazer uma acoplagem	spojovat se	[spojovat sɛ]

observatório (m)	observatoř (ž)	[opsɛrvatorʃ]
telescópio (m)	teleskop (m)	[tɛlɛskop]
observar (vt)	pozorovat	[pozorovat]
explorar (vt)	zkoumat	[skoumat]

165. A Terra

Terra (f)	Země (ž)	[zɛmnɛ]
globo terrestre (Terra)	zeměkoule (ž)	[zɛmnekoulɛ]
planeta (m)	planeta (ž)	[planɛta]

atmosfera (f)	atmosféra (ž)	[atmosfɛ:ra]
geografia (f)	zeměpis (m)	[zɛmnepɪs]
natureza (f)	příroda (ž)	[prʃi:roda]

globo (mapa esférico)	glóbus (m)	[glo:bus]
mapa (m)	mapa (ž)	[mapa]
atlas (m)	atlas (m)	[atlas]

Europa (f)	Evropa (ž)	[ɛvropa]
Ásia (f)	Asie (ž)	[azɪe]

África (f)	Afrika (ž)	[afrɪka]
Austrália (f)	Austrálie (ž)	[austra:lɪe]

América (f)	Amerika (ž)	[amɛrɪka]
América (f) do Norte	Severní Amerika (ž)	[sɛverni: amɛrɪka]
América (f) do Sul	Jižní Amerika (ž)	[jɪʒni: amɛrɪka]

Antártida (f)	Antarktida (ž)	[antarkti:da]
Ártico (m)	Arktida (ž)	[arktɪda]

166. Pontos cardeais

norte (m)	sever (m)	[sɛvɛr]
para norte	na sever	[na sɛvɛr]
no norte	na severu	[na sɛvɛru]
do norte	severní	[sɛvɛrni:]
sul (m)	jih (m)	[jɪx]
para sul	na jih	[na jɪx]
no sul	na jihu	[na jɪhu]
do sul	jižní	[jɪʒni:]
oeste, ocidente (m)	západ (m)	[za:pat]
para oeste	na západ	[na za:pat]
no oeste	na západě	[na za:pade]
ocidental	západní	[za:padni:]
leste, oriente (m)	východ (m)	[vi:xot]
para leste	na východ	[na vi:xot]
no leste	na východě	[na vi:xode]
oriental	východní	[vi:xodni:]

167. Mar. Oceano

mar (m)	moře (s)	[morʒɛ]
oceano (m)	oceán (m)	[otsɛa:n]
golfo (m)	záliv (m)	[za:lɪf]
estreito (m)	průliv (m)	[pru:lɪf]
continente (m)	pevnina (ž)	[pɛvnɪna]
ilha (f)	ostrov (m)	[ostrof]
península (f)	poloostrov (m)	[poloostrof]
arquipélago (m)	souostroví (s)	[souostrovi:]
baía (f)	zátoka (ž)	[za:toka]
porto (m)	přístav (m)	[prʃi:staf]
lagoa (f)	laguna (ž)	[lagu:na]
cabo (m)	mys (m)	[mɪs]
atol (m)	atol (m)	[atol]
recife (m)	útes (m)	[u:tɛs]
coral (m)	korál (m)	[kora:l]
recife (m) de coral	korálový útes (m)	[kora:lovi: u:tɛs]
profundo	hluboký	[hluboki:]
profundidade (f)	hloubka (ž)	[hloupka]
abismo (m)	hlubina (ž)	[hlubɪna]
fossa (f) oceânica	prohlubeň (ž)	[prohlubɛnʲ]
corrente (f)	proud (m)	[prout]
banhar (vt)	omývat	[omi:vat]
litoral (m)	břeh (m)	[brʒɛx]
costa (f)	pobřeží (s)	[pobrʒɛʒiˑ]

155

maré (f) alta	příliv (m)	[prʃiːlɪf]
refluxo (m), maré (f) baixa	odliv (m)	[odlɪf]
restinga (f)	mělčina (ž)	[mneltʃɪna]
fundo (m)	dno (s)	[dno]

onda (f)	vlna (ž)	[vlna]
crista (f) da onda	hřbet (m) vlny	[hrʒbɛt vlnɪ]
espuma (f)	pěna (ž)	[pena]

tempestade (f)	bouřka (ž)	[bourʃka]
furacão (m)	hurikán (m)	[hurɪkaːn]
tsunami (m)	tsunami (s)	[tsunamɪ]
calmaria (f)	bezvětří (s)	[bɛzvetrʃiː]
calmo	klidný	[klɪdniː]

| polo (m) | pól (m) | [poːl] |
| polar | polární | [polaːrniː] |

latitude (f)	šířka (ž)	[ʃiːrʃka]
longitude (f)	délka (ž)	[dɛːlka]
paralela (f)	rovnoběžka (ž)	[rovnobeʃka]
equador (m)	rovník (m)	[rovniːk]

céu (m)	obloha (ž)	[obloha]
horizonte (m)	horizont (m)	[horɪzont]
ar (m)	vzduch (m)	[vzdux]

farol (m)	maják (m)	[majaːk]
mergulhar (vi)	potápět se	[potaːpet sɛ]
afundar-se (vr)	potopit se	[potopɪt sɛ]
tesouros (m pl)	bohatství (s)	[bohatstviː]

168. Montanhas

montanha (f)	hora (ž)	[hora]
cordilheira (f)	horské pásmo (s)	[horskɛː paːsmo]
serra (f)	horský hřbet (m)	[horski hrʒbɛt]

cume (m)	vrchol (m)	[vrxol]
pico (m)	štít (m)	[ʃtiːt]
sopé (m)	úpatí (s)	[uːpatiː]
declive (m)	svah (m)	[svax]

vulcão (m)	sopka (ž)	[sopka]
vulcão (m) ativo	činná sopka (ž)	[tʃɪnnaː sopka]
vulcão (m) extinto	vyhaslá sopka (ž)	[vɪhaslaː sopka]

erupção (f)	výbuch (m)	[viːbux]
cratera (f)	kráter (m)	[kraːtɛr]
magma (m)	magma (ž)	[magma]
lava (f)	láva (ž)	[laːva]
fundido (lava ~a)	rozžhavený	[rozʒhavɛniː]
desfiladeiro (m)	kaňon (m)	[kanion]
garganta (f)	soutěska (ž)	[souteska]

fenda (f)	rozsedlina (ž)	[rozsɛdlɪna]
passo, colo (m)	průsmyk (m)	[pru:smɪk]
planalto (m)	plató (s)	[plato:]
falésia (f)	skála (ž)	[ska:la]
colina (f)	kopec (m)	[kopɛts]

glaciar (m)	ledovec (m)	[lɛdovɛts]
queda (f) d'água	vodopád (m)	[vodopa:t]
géiser (m)	vřídlo (s)	[vrʒi:dlo]
lago (m)	jezero (s)	[jɛzɛro]

planície (f)	rovina (ž)	[rovɪna]
paisagem (f)	krajina (ž)	[krajɪna]
eco (m)	ozvěna (ž)	[ozvena]

alpinista (m)	horolezec (m)	[horolɛzɛts]
escalador (m)	horolezec (m)	[horolɛzɛts]
conquistar (vt)	dobývat	[dobi:vat]
subida, escalada (f)	výstup (m)	[vi:stup]

169. Rios

rio (m)	řeka (ž)	[rʒɛka]
fonte, nascente (f)	pramen (m)	[pramɛn]
leito (m) do rio	koryto (s)	[korɪto]
bacia (f)	povodí (s)	[povodi:]
desaguar no ...	vlévat se	[vlɛ:vat sɛ]

| afluente (m) | přítok (m) | [prʃi:tok] |
| margem (do rio) | břeh (m) | [brʒɛx] |

corrente (f)	proud (m)	[prout]
rio abaixo	po proudu	[po proudu]
rio acima	proti proudu	[protɪ proudu]

inundação (f)	povodeň (ž)	[povodɛnʲ]
cheia (f)	záplava (ž)	[za:plava]
transbordar (vi)	rozlévat se	[rozlɛ:vat sɛ]
inundar (vt)	zaplavovat	[zaplavovat]

| banco (m) de areia | mělčina (ž) | [mnelʧɪna] |
| rápidos (m pl) | peřej (ž) | [pɛrʒɛj] |

barragem (f)	přehrada (ž)	[prʃɛhrada]
canal (m)	průplav (m)	[pru:plaf]
reservatório (m) de água	vodní nádrž (ž)	[vodni: na:drʃ]
eclusa (f)	zdymadlo (s)	[zdɪmadlo]

corpo (m) de água	vodojem (m)	[vodojɛm]
pântano (m)	bažina (ž)	[baʒɪna]
tremedal (m)	slať (ž)	[slatʲ]
remoinho (m)	vír (m)	[vi:r]
arroio, regato (m)	potok (m)	[potok]
potável	pitný	[pɪtni:]

doce (água)	sladký	[slatki:]
gelo (m)	led (m)	[lɛt]
congelar-se (vr)	zamrznout	[zamrznout]

170. Floresta

| floresta (f), bosque (m) | les (m) | [lɛs] |
| florestal | lesní | [lɛsni:] |

mata (f) cerrada	houština (ž)	[houʃtɪna]
arvoredo (m)	háj (m)	[ha:j]
clareira (f)	mýtina (ž)	[mi:tɪna]

| matagal (m) | houští (s) | [houʃti:] |
| mato (m) | křoví (s) | [krʃovi:] |

| vereda (f) | stezka (ž) | [stɛska] |
| ravina (f) | rokle (ž) | [roklɛ] |

árvore (f)	strom (m)	[strom]
folha (f)	list (m)	[lɪst]
folhagem (f)	listí (s)	[lɪsti:]

queda (f) das folhas	padání (s) listí	[pada:ni: lɪsti:]
cair (vi)	opadávat	[opada:vat]
topo (m)	vrchol (m)	[vrxol]

ramo (m)	větev (ž)	[vetɛf]
galho (m)	suk (m)	[suk]
botão, rebento (m)	pupen (m)	[pupɛn]
agulha (f)	jehla (ž)	[jɛhla]
pinha (f)	šiška (ž)	[ʃɪʃka]

buraco (m) de árvore	dutina (ž)	[dutɪna]
ninho (m)	hnízdo (s)	[hni:zdo]
toca (f)	doupě (s)	[doupe]

tronco (m)	kmen (m)	[kmɛn]
raiz (f)	kořen (m)	[korʒɛn]
casca (f) de árvore	kůra (ž)	[ku:ra]
musgo (m)	mech (m)	[mɛx]

arrancar pela raiz	klučit	[klutʃɪt]
cortar (vt)	kácet	[ka:tsɛt]
desflorestar (vt)	odlesnit	[odlesnɪt]
toco, cepo (m)	pařez (m)	[parʒɛz]

fogueira (f)	oheň (m)	[ohɛnʲ]
incêndio (m) florestal	požár (m)	[poʒa:r]
apagar (vt)	hasit	[hasɪt]

guarda-florestal (m)	hajný (m)	[hajni:]
proteção (f)	ochrana (ž)	[oxrana]
proteger (a natureza)	chránit	[xra:nɪt]

158

| caçador (m) furtivo | pytlák (m) | [pɪtla:k] |
| armadilha (f) | past (ž) | [past] |

| colher (cogumelos, bagas) | sbírat | [zbi:rat] |
| perder-se (vr) | zabloudit | [zabloudɪt] |

171. Recursos naturais

recursos (m pl) naturais	přírodní zdroje (m mn)	[prʃi:rodni: zdrojɛ]
minerais (m pl)	užitkové nerosty (m mn)	[uʒɪtkovɛ: nɛrostɪ]
depósitos (m pl)	ložisko (s)	[loʒɪsko]
jazida (f)	naleziště (s)	[nalezɪʃte]

extrair (vt)	dobývat	[dobi:vat]
extração (f)	těžba (ž)	[teʒba]
minério (m)	ruda (ž)	[ruda]
mina (f)	důl (m)	[du:l]
poço (m) de mina	šachta (ž)	[ʃaxta]
mineiro (m)	horník (m)	[horni:k]

| gás (m) | plyn (m) | [plɪn] |
| gasoduto (m) | plynovod (m) | [plɪnovot] |

petróleo (m)	ropa (ž)	[ropa]
oleoduto (m)	ropovod (m)	[ropovot]
poço (m) de petróleo	ropová věž (ž)	[ropova: veʃ]
torre (f) petrolífera	vrtná věž (ž)	[vrtna: veʃ]
petroleiro (m)	tanková loď (ž)	[taŋkova: lotʲ]

areia (f)	písek (m)	[pi:sɛk]
calcário (m)	vápenec (m)	[va:pɛnɛts]
cascalho (m)	štěrk (m)	[ʃterk]
turfa (f)	rašelina (ž)	[raʃɛlɪna]
argila (f)	hlína (ž)	[hli:na]
carvão (m)	uhlí (s)	[uhli:]

ferro (m)	železo (s)	[ʒelɛzo]
ouro (m)	zlato (s)	[zlato]
prata (f)	stříbro (s)	[strʃi:bro]
níquel (m)	nikl (m)	[nɪkl]
cobre (m)	měď (ž)	[mnetʲ]

zinco (m)	zinek (m)	[zɪnɛk]
manganês (m)	mangan (m)	[mangan]
mercúrio (m)	rtuť (ž)	[rtutʲ]
chumbo (m)	olovo (s)	[olovo]

mineral (m)	minerál (m)	[mɪnɛra:l]
cristal (m)	krystal (m)	[krɪstal]
mármore (m)	mramor (m)	[mramor]
urânio (m)	uran (m)	[uran]

A Terra. Parte 2

172. Tempo

tempo (m)	počasí (s)	[potʃasi:]
previsão (f) do tempo	předpověď (ž) počasí	[prʃɛtpovetj potʃasi:]
temperatura (f)	teplota (ž)	[tɛplota]
termómetro (m)	teploměr (m)	[tɛplomner]
barómetro (m)	barometr (m)	[baromɛtr]
humidade (f)	vlhkost (ž)	[vlxkost]
calor (m)	horko (s)	[horko]
cálido	horký	[horki:]
está muito calor	horko	[horko]
está calor	teplo	[tɛplo]
quente	teplý	[tɛpli:]
está frio	je zima	[jɛ zɪma]
frio	studený	[studɛni:]
sol (m)	slunce (s)	[sluntsɛ]
brilhar (vi)	svítit	[svi:tɪt]
de sol, ensolarado	slunečný	[slunɛtʃni:]
nascer (vi)	vzejít	[vzɛji:t]
pôr-se (vr)	zapadnout	[zapadnout]
nuvem (f)	mrak (m)	[mrak]
nublado	oblačný	[oblatʃni:]
nuvem (f) preta	mračno (s)	[mratʃno]
escuro, cinzento	pochmurný	[poxmurni:]
chuva (f)	déšť (m)	[dɛ:ʃtj]
está a chover	prší	[prʃi:]
chuvoso	deštivý	[dɛʃtɪvi:]
chuviscar (vi)	mrholit	[mrholɪt]
chuva (f) torrencial	liják (m)	[lɪja:k]
chuvada (f)	liják (m)	[lɪja:k]
forte (chuva)	silný	[sɪlni:]
poça (f)	kaluž (ž)	[kaluʃ]
molhar-se (vr)	moknout	[moknout]
nevoeiro (m)	mlha (ž)	[mlha]
de nevoeiro	mlhavý	[mlhavi:]
neve (f)	sníh (m)	[sni:x]
está a nevar	sněží	[snɛʒi:]

173. Tempo extremo. Catástrofes naturais

trovoada (f)	bouřka (ž)	[bourʃka]
relâmpago (m)	blesk (m)	[blɛsk]
relampejar (vi)	blýskat se	[bli:skat sɛ]
trovão (m)	hřmění (s)	[hrʒmneni:]
trovejar (vi)	hřmít	[hrʒmi:t]
está a trovejar	hřmí	[hrʒmi:]
granizo (m)	kroupy (ž mn)	[kroupɪ]
está a cair granizo	padají kroupy	[padaji: kroupɪ]
inundar (vt)	zaplavit	[zaplavɪt]
inundação (f)	povodeň (ž)	[povodɛnʲ]
terremoto (m)	zemětřesení (s)	[zɛmnetrʃɛsɛni:]
abalo, tremor (m)	otřes (m)	[otrʃɛs]
epicentro (m)	epicentrum (s)	[ɛpɪtsɛntrum]
erupção (f)	výbuch (m)	[vi:bux]
lava (f)	láva (ž)	[la:va]
turbilhão (m)	smršť (ž)	[smrʃtʲ]
tornado (m)	tornádo (s)	[torna:do]
tufão (m)	tajfun (m)	[tajfun]
furacão (m)	hurikán (m)	[hurɪka:n]
tempestade (f)	bouřka (ž)	[bourʃka]
tsunami (m)	tsunami (s)	[tsunamɪ]
ciclone (m)	cyklón (m)	[tsiklo:n]
mau tempo (m)	nečas (m)	[nɛtʃas]
incêndio (m)	požár (m)	[poʒa:r]
catástrofe (f)	katastrofa (ž)	[katastrofa]
meteorito (m)	meteorit (m)	[mɛtɛorɪt]
avalanche (f)	lavina (ž)	[lavɪna]
deslizamento (m) de neve	lavina (ž)	[lavɪna]
nevasca (f)	metelice (ž)	[mɛtɛlɪtsɛ]
tempestade (f) de neve	vánice (ž)	[va:nɪtsɛ]

Fauna

174. Mamíferos. Predadores

predador (m)	šelma (ž)	[ʃɛlma]
tigre (m)	tygr (m)	[tɪgr]
leão (m)	lev (m)	[lɛf]
lobo (m)	vlk (m)	[vlk]
raposa (f)	liška (ž)	[lɪʃka]
jaguar (m)	jaguár (m)	[jagua:r]
leopardo (m)	levhart (m)	[lɛvhart]
chita (f)	gepard (m)	[gɛpart]
pantera (f)	panter (m)	[pantɛr]
puma (m)	puma (ž)	[puma]
leopardo-das-neves (m)	pardál (m)	[parda:l]
lince (m)	rys (m)	[rɪs]
coiote (m)	kojot (m)	[kojot]
chacal (m)	šakal (m)	[ʃakal]
hiena (f)	hyena (ž)	[hɪena]

175. Animais selvagens

animal (m)	zvíře (s)	[zvi:rʒɛ]
besta (f)	zvíře (s)	[zvi:rʒɛ]
esquilo (m)	veverka (ž)	[vɛvɛrka]
ouriço (m)	ježek (m)	[jɛʒek]
lebre (f)	zajíc (m)	[zaji:ts]
coelho (m)	králík (m)	[kra:li:k]
texugo (m)	jezevec (m)	[jɛzɛvɛts]
guaxinim (m)	mýval (m)	[mi:val]
hamster (m)	křeček (m)	[krʃɛtʃɛk]
marmota (f)	svišť (m)	[svɪʃtʲ]
toupeira (f)	krtek (m)	[krtɛk]
rato (m)	myš (ž)	[mɪʃ]
ratazana (f)	krysa (ž)	[krɪsa]
morcego (m)	netopýr (m)	[nɛtopi:r]
arminho (m)	hranostaj (m)	[hranostaj]
zibelina (f)	sobol (m)	[sobol]
marta (f)	kuna (ž)	[kuna]
doninha (f)	lasice (ž)	[lasɪtsɛ]
vison (m)	norek (m)	[norɛk]

| castor (m) | bobr (m) | [bobr] |
| lontra (f) | vydra (ž) | [vɪdra] |

cavalo (m)	kůň (m)	[kuːnʲ]
alce (m)	los (m)	[los]
veado (m)	jelen (m)	[jɛlɛn]
camelo (m)	velbloud (m)	[vɛlblout]

bisão (m)	bizon (m)	[bɪzon]
auroque (m)	zubr (m)	[zubr]
búfalo (m)	buvol (m)	[buvol]

zebra (f)	zebra (ž)	[zɛbra]
antílope (m)	antilopa (ž)	[antɪlopa]
corça (f)	srnka (ž)	[srŋka]
gamo (m)	daněk (m)	[danek]
camurça (f)	kamzík (m)	[kamziːk]
javali (m)	vepř (m)	[vɛprʃ]

baleia (f)	velryba (ž)	[vɛlrɪba]
foca (f)	tuleň (m)	[tulɛnʲ]
morsa (f)	mrož (m)	[mroʃ]
urso-marinho (m)	lachtan (m)	[laxtan]
golfinho (m)	delfín (m)	[dɛlfiːn]

urso (m)	medvěd (m)	[mɛdvet]
urso (m) branco	bílý medvěd (m)	[biːli: mɛdvet]
panda (m)	panda (ž)	[panda]

macaco (em geral)	opice (ž)	[opɪtsɛ]
chimpanzé (m)	šimpanz (m)	[ʃɪmpanz]
orangotango (m)	orangutan (m)	[orangutan]
gorila (f)	gorila (ž)	[gorɪla]
macaco (m)	makak (m)	[makak]
gibão (m)	gibon (m)	[gɪbon]

elefante (m)	slon (m)	[slon]
rinoceronte (m)	nosorožec (m)	[nosoroʒets]
girafa (f)	žirafa (ž)	[ʒɪrafa]
hipopótamo (m)	hroch (m)	[hrox]

| canguru (m) | klokan (m) | [klokan] |
| coala (m) | koala (ž) | [koala] |

mangusto (m)	promyka (ž) indická	[promɪka ɪndɪtska:]
chinchila (m)	činčila (ž)	[tʃɪntʃɪla]
doninha-fedorenta (f)	skunk (m)	[skuŋk]
porco-espinho (m)	dikobraz (m)	[dɪkobras]

176. Animais domésticos

gata (f)	kočka (ž)	[kotʃka]
gato (m) macho	kocour (m)	[kotsour]
cão (m)	pes (m)	[pɛs]

cavalo (m)	kůň (m)	[ku:nʲ]
garanhão (m)	hřebec (m)	[hrʒɛbɛts]
égua (f)	kobyla (ž)	[kobɪla]

vaca (f)	kráva (ž)	[kra:va]
touro (m)	býk (m)	[bi:k]
boi (m)	vůl (m)	[vu:l]

ovelha (f)	ovce (ž)	[ovʦɛ]
carneiro (m)	beran (m)	[bɛran]
cabra (f)	koza (ž)	[koza]
bode (m)	kozel (m)	[kozɛl]

| burro (m) | osel (m) | [osɛl] |
| mula (f) | mul (m) | [mul] |

porco (m)	prase (s)	[prasɛ]
leitão (m)	prasátko (s)	[prasa:tko]
coelho (m)	králík (m)	[kra:li:k]

| galinha (f) | slepice (ž) | [slɛpɪʦɛ] |
| galo (m) | kohout (m) | [kohout] |

pata (f)	kachna (ž)	[kaxna]
pato (macho)	kačer (m)	[katʃɛr]
ganso (m)	husa (ž)	[husa]

| peru (m) | krocan (m) | [krotsan] |
| perua (f) | krůta (ž) | [kru:ta] |

animais (m pl) domésticos	domácí zvířata (s mn)	[doma:tsi: zvi:rʒata]
domesticado	ochočený	[oxotʃɛni:]
domesticar (vt)	ochočovat	[oxotʃovat]
criar (vt)	chovat	[xovat]

quinta (f)	farma (ž)	[farma]
aves (f pl) domésticas	drůbež (ž)	[dru:bɛʃ]
gado (m)	dobytek (m)	[dobɪtɛk]
rebanho (m), manada (f)	stádo (s)	[sta:do]

estábulo (m)	stáj (ž)	[sta:j]
pocilga (f)	veprín (m)	[vɛprʃi:n]
estábulo (m)	kravín (m)	[kravi:n]
coelheira (f)	králíkárna (ž)	[kra:li:ka:rna]
galinheiro (m)	kurník (m)	[kurni:k]

177. Cães. Raças de cães

cão (m)	pes (m)	[pɛs]
cão pastor (m)	vlčák (m)	[vltʃa:k]
caniche (m)	pudl (m)	[pudl]
teckel (m)	jezevčík (m)	[ezɛvtʃi:k]
buldogue (m)	buldok (m)	[buldok]
boxer (m)	boxer (m)	[boksɛr]

mastim (m)	**mastif** (m)	[mastɪf]
rottweiler (m)	**rotvajler** (m)	[rotvajlɛr]
dobermann (m)	**dobrman** (m)	[dobrman]

basset (m)	**basset** (m)	[basɛt]
pastor inglês (m)	**bobtail** (m)	[bobtɛjl]
dálmata (m)	**dalmatin** (m)	[dalmatɪn]
cocker spaniel (m)	**kokršpaněl** (m)	[kokrʃpanel]

terra-nova (m)	**novofoundlandský pes** (m)	[novofaundlɛndski: pɛs]
são-bernardo (m)	**bernardýn** (m)	[bɛrnardi:n]

husky (m)	**husky** (m)	[haskɪ]
Chow-chow (m)	**Čau-čau** (m)	[t͡ʃau-t͡ʃau]
spitz alemão (m)	**špic** (m)	[ʃpɪt͡s]
carlindogue (m)	**mopsl** (m)	[mopsl]

178. Sons produzidos pelos animais

latido (m)	**štěkot** (m)	[ʃtekot]
latir (vi)	**štěkat**	[ʃtekat]
miar (vi)	**mňoukat**	[mnʲoukat]
ronronar (vi)	**mručet**	[mrut͡ʃɛt]

mugir (vaca)	**bučet**	[but͡ʃɛt]
bramir (touro)	**řvát**	[rʒvaːt]
rosnar (vi)	**vrčet**	[vrt͡ʃɛt]

uivo (m)	**vytí** (s)	[vɪtiː]
uivar (vi)	**výt**	[viːt]
ganir (vi)	**skučet**	[skut͡ʃɛt]

balir (vi)	**blekotat**	[blɛkotat]
grunhir (porco)	**chrochtat**	[xroxtat]
guinchar (vi)	**vřískat**	[vrʒiːskat]

coaxar (sapo)	**kuňkat**	[kunʲkat]
zumbir (inseto)	**bzučet**	[bzut͡ʃɛt]
estridular, ziziar (vi)	**cvrčet**	[t͡svrt͡ʃɛt]

179. Pássaros

pássaro (m), ave (f)	**pták** (m)	[ptaːk]
pombo (m)	**holub** (m)	[holup]
pardal (m)	**vrabec** (m)	[vrabɛt͡s]
chapim-real (m)	**sýkora** (ž)	[siːkora]
pega-rabuda (f)	**straka** (ž)	[straka]

corvo (m)	**havran** (m)	[havran]
gralha (f) cinzenta	**vrána** (ž)	[vraːna]
gralha-de-nuca-cinzenta (f)	**kavka** (ž)	[kafka]
gralha-calva (f)	**polní havran** (m)	[polní. havran]

165

pato (m)	kachna (ž)	[kaxna]
ganso (m)	husa (ž)	[husa]
faisão (m)	bažant (m)	[baʒant]

águia (f)	orel (m)	[orɛl]
açor (m)	jestřáb (m)	[jɛstrʃaːp]
falcão (m)	sokol (m)	[sokol]
abutre (m)	sup (m)	[sup]
condor (m)	kondor (m)	[kondor]

cisne (m)	labuť (ž)	[labutʲ]
grou (m)	jeřáb (m)	[jɛrʒaːp]
cegonha (f)	čáp (m)	[ʧaːp]
papagaio (m)	papoušek (m)	[papouʃɛk]
beija-flor (m)	kolibřík (m)	[kolɪbrʒiːk]
pavão (m)	páv (m)	[paːf]

avestruz (m)	pštros (m)	[pʃtros]
garça (f)	volavka (ž)	[volafka]
flamingo (m)	plameňák (m)	[plamɛnʲaːk]
pelicano (m)	pelikán (m)	[pɛlɪkaːn]

rouxinol (m)	slavík (m)	[slaviːk]
andorinha (f)	vlaštovka (ž)	[vlaʃtofka]
tordo-zornal (m)	drozd (m)	[drozt]
tordo-músico (m)	zpěvný drozd (m)	[spevni: drozt]
melro-preto (m)	kos (m)	[kos]

andorinhão (m)	rorejs (m)	[rorɛjs]
cotovia (f)	skřivan (m)	[skrʃɪvan]
codorna (f)	křepel (m)	[krʃɛpɛl]

pica-pau (m)	datel (m)	[datɛl]
cuco (m)	kukačka (ž)	[kukaʧka]
coruja (f)	sova (ž)	[sova]
corujão, bufo (m)	výr (m)	[viːr]
tetraz-grande (m)	tetřev (m) hlušec	[tɛtrʃɛv hluʃɛts]
tetraz-lira (m)	tetřev (m)	[tɛtrʃɛf]
perdiz-cinzenta (f)	koroptev (ž)	[koroptɛf]

estorninho (m)	špaček (m)	[ʃpaʧɛk]
canário (m)	kanár (m)	[kanaːr]
galinha-do-mato (f)	jeřábek (m)	[jɛrʒaːbɛk]
tentilhão (m)	pěnkava (ž)	[peŋkava]
dom-fafe (m)	hejl (m)	[hɛjl]

gaivota (f)	racek (m)	[ratsɛk]
albatroz (m)	albatros (m)	[albatros]
pinguim (m)	tučňák (m)	[tuʧnʲaːk]

180. Pássaros. Canto e sons

| cantar (vi) | zpívat | [spiːvat] |
| gritar (vi) | křičet | [krʃɪʧɛt] |

cantar (o galo)	kokrhat	[kokrhat]
cocorocó (m)	kykyryký	[kɪkɪrɪki:]

cacarejar (vi)	kdákat	[gda:kat]
crocitar (vi)	krákat	[kra:kat]
grasnar (vi)	káchat	[ka:xat]
piar (vi)	kvičet	[kvɪtʃɛt]
chilrear, gorjear (vi)	cvrlikat	[tsvrlɪkat]

181. Peixes. Animais marinhos

brema (f)	cejn (m)	[tsɛjn]
carpa (f)	kapr (m)	[kapr]
perca (f)	okoun (m)	[okoun]
siluro (m)	sumec (m)	[sumɛts]
lúcio (m)	štika (ž)	[ʃtɪka]

salmão (m)	losos (m)	[losos]
esturjão (m)	jeseter (m)	[jɛsɛtɛr]

arenque (m)	sleď (ž)	[slɛtʲ]
salmão (m)	losos (m)	[losos]

cavala, sarda (f)	makrela (ž)	[makrɛla]
solha (f)	platýs (m)	[plati:s]

lúcio perca (m)	candát (m)	[tsanda:t]
bacalhau (m)	treska (ž)	[trɛska]

atum (m)	tuňák (m)	[tunʲa:k]
truta (f)	pstruh (m)	[pstrux]

enguia (f)	úhoř (m)	[u:horʃ]
raia elétrica (f)	rejnok (m) elektrický	[rɛjnok ɛlɛktrɪtski:]

moreia (f)	muréna (ž)	[murɛ:na]
piranha (f)	piraňa (ž)	[pɪranʲja]

tubarão (m)	žralok (m)	[ʒralok]
golfinho (m)	delfín (m)	[dɛlfi:n]
baleia (f)	velryba (ž)	[vɛlrɪba]

caranguejo (m)	krab (m)	[krap]
medusa, alforreca (f)	medúza (ž)	[mɛdu:za]
polvo (m)	chobotnice (ž)	[xobotnɪtsɛ]

estrela-do-mar (f)	hvězdice (ž)	[hvezdɪtsɛ]
ouriço-do-mar (m)	ježovka (ž)	[jɛʒofka]
cavalo-marinho (m)	mořský koníček (m)	[morʃski: koni:tʃɛk]

ostra (f)	ústřice (ž)	[u:strʃɪtsɛ]
camarão (m)	kreveta (ž)	[krɛvɛta]
lavagante (m)	humr (m)	[humr]
lagosta (f)	langusta (ž)	[langusta]

182. Amfíbios. Répteis

serpente, cobra (f)	had (m)	[hat]
venenoso	jedovatý	[jɛdovatiː]
víbora (f)	zmije (ž)	[zmɪjɛ]
cobra-capelo, naja (f)	kobra (ž)	[kobra]
pitão (m)	krajta (ž)	[krajta]
jiboia (f)	hroznýš (m)	[hrozniːʃ]
cobra-de-água (f)	užovka (ž)	[uʒofka]
cascavel (f)	chřestýš (m)	[xrʃɛstiːʃ]
anaconda (f)	anakonda (ž)	[anakonda]
lagarto (m)	ještěrka (ž)	[jɛʃterka]
iguana (f)	leguán (m)	[lɛguaːn]
varano (m)	varan (m)	[varan]
salamandra (f)	mlok (m)	[mlok]
camaleão (m)	chameleón (m)	[xamɛlɛoːn]
escorpião (m)	štír (m)	[ʃtiːr]
tartaruga (f)	želva (ž)	[ʒelva]
rã (f)	žába (ž)	[ʒaːba]
sapo (m)	ropucha (ž)	[ropuxa]
crocodilo (m)	krokodýl (m)	[krokodiːl]

183. Insetos

inseto (m)	hmyz (m)	[hmɪz]
borboleta (f)	motýl (m)	[motiːl]
formiga (f)	mravenec (m)	[mravɛnɛts]
mosca (f)	moucha (ž)	[mouxa]
mosquito (m)	komár (m)	[komaːr]
escaravelho (m)	brouk (m)	[brouk]
vespa (f)	vosa (ž)	[vosa]
abelha (f)	včela (ž)	[vtʃɛla]
mamangava (f)	čmelák (m)	[tʃmɛlaːk]
moscardo (m)	střeček (m)	[strʃɛtʃɛk]
aranha (f)	pavouk (m)	[pavouk]
teia (f) de aranha	pavučina (ž)	[pavutʃɪna]
libélula (f)	vážka (ž)	[vaːʃka]
gafanhoto-do-campo (m)	kobylka (ž)	[kobɪlka]
traça (f)	motýl (m)	[motiːl]
barata (f)	šváb (m)	[ʃvaːp]
carraça (f)	klíště (s)	[kliːʃte]
pulga (f)	blecha (ž)	[blɛxa]
borrachudo (m)	muška (ž)	[muʃka]
gafanhoto (m)	saranče (ž)	[sarantʃɛ]
caracol (m)	hlemýžď (m)	[hlɛmiːʒtʲ]

grilo (m)	cvrček (m)	[ʦvrtʃɛk]
pirilampo (m)	svatojánská muška (ž)	[svatoja:nska: muʃka]
joaninha (f)	slunéčko (s) sedmitečné	[slunɛ:tʃko sɛdmɪtɛtʃnɛ:]
besouro (m)	chroust (m)	[xroust]

sanguessuga (f)	piavice (ž)	[pɪavɪʦɛ]
lagarta (f)	housenka (ž)	[housɛŋka]
minhoca (f)	červ (m)	[ʧɛrf]
larva (f)	larva (ž)	[larva]

184. Animais. Partes do corpo

bico (m)	zobák (m)	[zoba:k]
asas (f pl)	křídla (s mn)	[krʃi:dla]
pata (f)	běhák (m)	[beha:k]
plumagem (f)	opeření (s)	[opɛrʒɛni:]
pena, pluma (f)	pero (s)	[pɛro]
crista (f)	chochol (m)	[xoxol]

brânquias, guelras (f pl)	žábry (ž mn)	[ʒa:brɪ]
ovas (f pl)	jikry (ž mn)	[jɪkrɪ]
larva (f)	larva (ž)	[larva]
barbatana (f)	ploutev (ž)	[ploutɛf]
escama (f)	šupiny (ž mn)	[ʃupɪnɪ]

canino (m)	kel (m)	[kɛl]
pata (f)	tlapa (ž)	[tlapa]
focinho (m)	čumák (m)	[ʧuma:k]
boca (f)	tlama (ž)	[tlama]
cauda (f), rabo (m)	ocas (m)	[oʦas]
bigodes (m pl)	vousy (m mn)	[vousɪ]

| casco (m) | kopyto (s) | [kopɪto] |
| corno (m) | roh (m) | [rox] |

carapaça (f)	krunýř (m)	[kruni:rʃ]
concha (f)	škeble (ž)	[ʃkɛblɛ]
casca (f) de ovo	skořápka (ž)	[skorʒa:pka]

| pelo (m) | srst (ž) | [srst] |
| pele (f), couro (m) | kůže (ž) | [ku:ʒe] |

185. Animais. Habitats

| hábitat | životní prostředí (s) | [ʒɪvotni: prostrʃɛdi:] |
| migração (f) | stěhování (s) | [stehova:ni:] |

montanha (f)	hora (ž)	[hora]
recife (m)	útes (m)	[u:tɛs]
falésia (f)	skála (ž)	[ska:la]
floresta (f)	les (m)	[lɛs]
selva (f)	džungle (ž)	[dʒunglɛ]

| savana (f) | savana (ž) | [savana] |
| tundra (f) | tundra (ž) | [tundra] |

estepe (f)	step (ž)	[stɛp]
deserto (m)	poušť (ž)	[pouʃtⁱ]
oásis (m)	oáza (ž)	[oa:za]

mar (m)	moře (s)	[morʒɛ]
lago (m)	jezero (s)	[jɛzɛro]
oceano (m)	oceán (m)	[otsɛa:n]

pântano (m)	bažina (ž)	[baʒɪna]
de água doce	sladkovodní	[slatkovodni:]
lagoa (f)	rybník (m)	[rɪbni:k]
rio (m)	řeka (ž)	[rʒɛka]

toca (f) do urso	brloh (m)	[brlox]
ninho (m)	hnízdo (s)	[hni:zdo]
buraco (m) de árvore	dutina (ž)	[dutɪna]
toca (f)	doupě (s)	[doupe]
formigueiro (m)	mraveniště (s)	[mravɛnɪʃte]

Flora

186. Árvores

árvore (f)	strom (m)	[strom]
decídua	listnatý	[lɪstnati:]
conífera	jehličnatý	[jɛhlɪtʃnati:]
perene	stálezelená	[sta:lɛzɛlɛna:]
macieira (f)	jabloň (ž)	[jablonʲ]
pereira (f)	hruška (ž)	[hruʃka]
cerejeira (f)	třešně (ž)	[trʃɛʃne]
ginjeira (f)	višně (ž)	[vɪʃne]
ameixeira (f)	švestka (ž)	[ʃvɛstka]
bétula (f)	bříza (ž)	[brʒi:za]
carvalho (m)	dub (m)	[dup]
tília (f)	lípa (ž)	[li:pa]
choupo-tremedor (m)	osika (ž)	[osɪka]
bordo (m)	javor (m)	[javor]
espruce-europeu (m)	smrk (m)	[smrk]
pinheiro (m)	borovice (ž)	[borovɪtsɛ]
alerce, lariço (m)	modřín (m)	[modrʒi:n]
abeto (m)	jedle (ž)	[jɛdlɛj]
cedro (m)	cedr (m)	[tsɛdr]
choupo, álamo (m)	topol (m)	[topol]
tramazeira (f)	jeřáb (m)	[jɛrʒa:p]
salgueiro (m)	jíva (ž)	[ji:va]
amieiro (m)	olše (ž)	[olʃɛ]
faia (f)	buk (m)	[buk]
ulmeiro (m)	jilm (m)	[jɪlm]
freixo (m)	jasan (m)	[jasan]
castanheiro (m)	kaštan (m)	[kaʃtan]
magnólia (f)	magnólie (ž)	[magno:lɪe]
palmeira (f)	palma (ž)	[palma]
cipreste (m)	cypřiš (m)	[tsɪprʃɪʃ]
mangue (m)	mangróvie (ž)	[mangro:vɪe]
embondeiro, baobá (m)	baobab (m)	[baobap]
eucalipto (m)	eukalypt (m)	[ɛukalɪpt]
sequoia (f)	sekvoje (ž)	[sɛkvojɛ]

187. Arbustos

arbusto (m)	keř (m)	[kɛrʃ]
arbusto (m), moita (f)	křoví (s)	[krʃovi:]

| videira (f) | vinná réva (s) | [vɪnna: reːva] |
| vinhedo (m) | vinice (ž) | [vɪnɪʦɛ] |

framboeseira (f)	maliny (ž mn)	[malɪnɪ]
groselheira-vermelha (f)	červený rybíz (m)	[ʧɛrvɛni: rɪbiːz]
groselheira (f) espinhosa	angrešt (m)	[angrɛʃt]

acácia (f)	akácie (ž)	[akaːʦɪe]
bérberis (f)	dřišťál (m)	[drʒɪʃťaːl]
jasmim (m)	jasmín (m)	[jasmiːn]

junípero (m)	jalovec (m)	[jalovɛʦ]
roseira (f)	růžový keř (m)	[ruːʒovi: kɛrʃ]
roseira (f) brava	šípek (m)	[ʃiːpɛk]

188. Cogumelos

cogumelo (m)	houba (ž)	[houba]
cogumelo (m) comestível	jedlá houba (ž)	[jɛdla: houba]
cogumelo (m) venenoso	jedovatá houba (ž)	[jɛdovata: houba]
chapéu (m)	klobouk (m)	[klobouk]
pé, caule (m)	nožička (ž)	[noʒɪʧka]

boleto (m)	hřib (m)	[hrʒɪp]
boleto (m) alaranjado	křemenáč (m)	[krʃɛmɛna:ʧ]
míscaro (m) das bétulas	kozák (m)	[koza:k]
cantarela (f)	liška (ž)	[lɪʃka]
rússula (f)	holubinka (ž)	[holubɪŋka]

morchella (f)	smrž (m)	[smrʃ]
agário-das-moscas (m)	muchomůrka (ž) červená	[muxomu:rka ʧɛrvɛna:]
cicuta (f) verde	prašivka (ž)	[praʃɪfka]

189. Frutos. Bagas

maçã (f)	jablko (s)	[jablko]
pera (f)	hruška (ž)	[hruʃka]
ameixa (f)	švestka (ž)	[ʃvɛstka]

morango (m)	zahradní jahody (ž mn)	[zahradni: jahodɪ]
ginja (f)	višně (ž)	[vɪʃne]
cereja (f)	třešně (ž mn)	[trʃɛʃne]
uva (f)	hroznové víno (s)	[hroznovɛ: viːno]

framboesa (f)	maliny (ž mn)	[malɪnɪ]
groselha (f) preta	černý rybíz (m)	[ʧɛrni: rɪbiːz]
groselha (f) vermelha	červený rybíz (m)	[ʧɛrvɛni: rɪbiːz]
groselha (f) espinhosa	angrešt (m)	[angrɛʃt]
oxicoco (m)	klikva (ž)	[klɪkva]

| laranja (f) | pomeranč (m) | [pomɛranʧ] |
| tangerina (f) | mandarinka (ž) | [mandarɪŋka] |

ananás (m)	ananas (m)	[ananas]
banana (f)	banán (m)	[bana:n]
tâmara (f)	datle (ž)	[datlɛ]

limão (m)	citrón (m)	[tsɪtro:n]
damasco (m)	meruňka (ž)	[mɛrunʲka]
pêssego (m)	broskev (ž)	[broskɛf]
kiwi (m)	kiwi (s)	[kɪvɪ]
toranja (f)	grapefruit (m)	[grɛjpfru:t]

baga (f)	bobule (ž)	[bobulɛ]
bagas (f pl)	bobule (ž mn)	[bobulɛ]
arando (m) vermelho	brusinky (ž mn)	[brusɪŋkɪ]
morango-silvestre (m)	jahody (ž mn)	[jahodɪ]
mirtilo (m)	borůvky (ž mn)	[boru:fkɪ]

190. Flores. Plantas

| flor (f) | květina (ž) | [kvetɪna] |
| ramo (m) de flores | kytice (ž) | [kɪtɪtsɛ] |

rosa (f)	růže (ž)	[ru:ʒe]
tulipa (f)	tulipán (m)	[tulɪpa:n]
cravo (m)	karafiát (m)	[karafɪa:t]
gladíolo (m)	mečík (m)	[mɛtʃi:k]

centáurea (f)	chrpa (ž)	[xrpa]
campânula (f)	zvoneček (m)	[zvonɛtʃɛk]
dente-de-leão (m)	pampeliška (ž)	[pampɛlɪʃka]
camomila (f)	heřmánek (m)	[hɛrʒma:nɛk]

aloé (m)	aloe (s)	[aloɛ]
cato (m)	kaktus (m)	[kaktus]
fícus (m)	fíkus (m)	[fi:kus]

lírio (m)	lilie (ž)	[lɪlɪe]
gerânio (m)	geránie (ž)	[gera:nɪe]
jacinto (m)	hyacint (m)	[hɪatsɪnt]

mimosa (f)	citlivka (ž)	[tsɪtlɪfka]
narciso (m)	narcis (m)	[nartsɪs]
capuchinha (f)	potočnice (ž)	[pototʃnɪtsɛ]

orquídea (f)	orchidej (ž)	[orxɪdɛj]
peónia (f)	pivoňka (ž)	[pɪvonʲka]
violeta (f)	fialka (ž)	[fɪalka]

amor-perfeito (m)	maceška (ž)	[matsɛʃka]
não-me-esqueças (m)	pomněnka (ž)	[pomnɛŋka]
margarida (f)	sedmikráska (ž)	[sɛdmɪkra:ska]

papoula (f)	mák (m)	[ma:k]
cânhamo (m)	konopě (ž)	[konopɛ]
hortelã (f)	máta (ž)	[ma:ta]

lírio-do-vale (m)	konvalinka (ž)	[konvalıŋka]
campânula-branca (f)	sněženka (ž)	[sneʒeŋka]

urtiga (f)	kopřiva (ž)	[koprʃıva]
azeda (f)	šťovík (m)	[ʃtʲoviːk]
nenúfar (m)	leknín (m)	[lɛkniːn]
feto (m), samambaia (f)	kapradí (s)	[kapradiː]
líquen (m)	lišejník (m)	[lıʃɛjniːk]

estufa (f)	oranžérie (ž)	[oranʒeːrıe]
relvado (m)	trávník (m)	[traːvniːk]
canteiro (m) de flores	květinový záhonek (m)	[kvetɪnovi: zaːhonɛk]

planta (f)	rostlina (ž)	[rostlına]
erva (f)	tráva (ž)	[traːva]
folha (f) de erva	stéblo (s) trávy	[stɛːblo traːvɪ]

folha (f)	list (m)	[lıst]
pétala (f)	okvětní lístek (m)	[okvetni: li:stɛk]
talo (m)	stéblo (s)	[stɛːblo]
tubérculo (m)	hlíza (ž)	[hliːza]

broto, rebento (m)	výhonek (m)	[viːhonɛk]
espinho (m)	osten (m)	[ostɛn]

florescer (vi)	kvést	[kvɛːst]
murchar (vi)	vadnout	[vadnout]
cheiro (m)	vůně (ž)	[vuːne]
cortar (flores)	uříznout	[urʒiːznout]
colher (uma flor)	utrhnout	[utrhnout]

191. Cereais, grãos

grão (m)	obilí (s)	[obɪliː]
cereais (plantas)	obilniny (ž mn)	[obɪlnınɪ]
espiga (f)	klas (m)	[klas]

trigo (m)	pšenice (ž)	[pʃenɪʦɛ]
centeio (m)	žito (s)	[ʒɪto]
aveia (f)	oves (m)	[ovɛs]
milho-miúdo (m)	jáhly (ž mn)	[jaːhlɪ]
cevada (f)	ječmen (m)	[jɛʧmɛn]

milho (m)	kukuřice (ž)	[kukurʒɪʦɛ]
arroz (m)	rýže (ž)	[riːʒe]
trigo-sarraceno (m)	pohanka (ž)	[pohaŋka]

ervilha (f)	hrách (m)	[hraːx]
feijão (m)	fazole (ž)	[fazolɛ]
soja (f)	sója (ž)	[soːja]
lentilha (f)	čočka (ž)	[ʧoʧka]
fava (f)	boby (m mn)	[bobɪ]

GEOGRAFIA REGIONAL

Países. Nacionalidades

192. Política. Governo. Parte 1

política (f)	politika (ž)	[polɪtɪka]
político	politický	[polɪtɪtski:]
político (m)	politik (m)	[polɪtɪk]
estado (m)	stát (m)	[staːt]
cidadão (m)	občan (m)	[obtʃan]
cidadania (f)	státní příslušnost (ž)	[staːtni: prʃi:sluʃnost]
brasão (m) de armas	státní znak (m)	[staːtni: znak]
hino (m) nacional	státní hymna (ž)	[staːtni: hɪmna]
governo (m)	vláda (ž)	[vlaːda]
Chefe (m) de Estado	hlava (m) státu	[hlava staːtu]
parlamento (m)	parlament (m)	[parlamɛnt]
partido (m)	strana (ž)	[strana]
capitalismo (m)	kapitalismus (m)	[kapɪtalɪzmus]
capitalista	kapitalistický	[kapɪtalɪstɪtski:]
socialismo (m)	socialismus (m)	[sotsɪalɪzmus]
socialista	socialistický	[sotsɪalɪstɪtski:]
comunismo (m)	komunismus (m)	[komunɪzmus]
comunista	komunistický	[komunɪstɪtski:]
comunista (m)	komunista (m)	[komunɪsta]
democracia (f)	demokracie (ž)	[dɛmokratsɪe]
democrata (m)	demokrat (m)	[dɛmokrat]
democrático	demokratický	[dɛmokratɪtski:]
Partido (m) Democrático	demokratická strana (ž)	[dɛmokratɪtska: strana]
liberal (m)	liberál (m)	[lɪbɛraːl]
liberal	liberální	[lɪbɛraːlni:]
conservador (m)	konzervativec (m)	[konzɛrvatɪvɛts]
conservador	konzervativní	[konzɛrvatɪvni:]
república (f)	republika (ž)	[rɛpublɪka]
republicano (m)	republikán (m)	[rɛpublɪkaːn]
Partido (m) Republicano	republikánská strana (ž)	[rɛpublɪkaːnska: strana]
eleições (f pl)	volby (ž mn)	[volbɪ]
eleger (vt)	volit	[volɪt]

175

| eleitor (m) | volič (m) | [volɪtʃ] |
| campanha (f) eleitoral | volební kampaň (ž) | [volɛbni: kampanʲ] |

votação (f)	hlasování (s)	[hlasova:ni:]
votar (vi)	hlasovat	[hlasovat]
direito (m) de voto	hlasovací právo (s)	[hlasovatsi: pra:vo]

candidato (m)	kandidát (m)	[kandɪda:t]
candidatar-se (vi)	kandidovat	[kandɪdovat]
campanha (f)	kampaň (ž)	[kampanʲ]

| da oposição | opoziční | [opozɪtʃni:] |
| oposição (f) | opozice (ž) | [opozɪtsɛ] |

visita (f)	návštěva (ž)	[na:vʃteva]
visita (f) oficial	oficiální návštěva (ž)	[ofɪtsɪa:lni: na:fʃteva]
internacional	mezinárodní	[mɛzɪna:rodni:]

| negociações (f pl) | jednání (s) | [jɛdna:ni:] |
| negociar (vi) | jednat | [jɛdnat] |

193. Política. Governo. Parte 2

sociedade (f)	společnost (ž)	[spolɛtʃnost]
constituição (f)	ústava (ž)	[u:stava]
poder (ir para o ~)	moc (ž)	[mots]
corrupção (f)	korupce (ž)	[koruptsɛ]

| lei (f) | zákon (m) | [za:kon] |
| legal | zákonný | [za:konni:] |

| justiça (f) | spravedlivost (ž) | [spravɛdlɪvost] |
| justo | spravedlivý | [spravɛdlɪvi:] |

comité (m)	výbor (m)	[vi:bor]
projeto-lei (m)	návrh (m) zákona	[na:vrx za:kona]
orçamento (m)	rozpočet (m)	[rozpotʃɛt]
política (f)	politika (ž)	[polɪtɪka]
reforma (f)	reforma (ž)	[rɛforma]
radical	radikální	[radɪka:lni:]

força (f)	síla (ž)	[si:la]
poderoso	silný	[sɪlni:]
partidário (m)	stoupenec (m)	[stoupɛnɛts]
influência (f)	vliv (m)	[vlɪf]

regime (m)	režim (m)	[rɛʒɪm]
conflito (m)	konflikt (m)	[konflɪkt]
conspiração (f)	spiknutí (s)	[spɪknuti:]
provocação (f)	provokace (ž)	[provokatsɛ]

derrubar (vt)	svrhnout	[svrhnout]
derrube (m), queda (f)	svržení (s)	[svrʒeni:]
revolução (f)	revoluce (ž)	[rɛvolutsɛ]

| golpe (m) de Estado | převrat (m) | [prʃɛvrat] |
| golpe (m) militar | vojenský převrat (m) | [vojɛnski: prʃɛvrat] |

crise (f)	krize (ž)	[krɪzɛ]
recessão (f) económica	hospodářský pokles (m)	[hospoda:rʃski: poklɛs]
manifestante (m)	demonstrant (m)	[dɛmonstrant]
manifestação (f)	demonstrace (ž)	[dɛmonstraŧsɛ]
lei (f) marcial	válečný stav (m)	[va:lɛtʃni: staf]
base (f) militar	základna (ž)	[za:kladna]

| estabilidade (f) | stabilita (ž) | [stabɪlɪta] |
| estável | stabilní | [stabɪlni:] |

| exploração (f) | vykořisťování (s) | [vɪkorʒɪstʲova:ni:] |
| explorar (vt) | vykořisťovat | [vɪkorʒɪstʲovat] |

racismo (m)	rasismus (m)	[rasɪzmus]
racista (m)	rasista (m)	[rasɪsta]
fascismo (m)	fašismus (m)	[faʃɪzmus]
fascista (m)	fašista (m)	[faʃɪsta]

194. Países. Diversos

estrangeiro (m)	cizinec (m)	[ʦɪzɪnɛʦ]
estrangeiro	cizí	[ʦɪzi:]
no estrangeiro	v zahraničí	[v zahranɪtʃi:]

emigrante (m)	emigrant (m)	[ɛmɪgrant]
emigração (f)	emigrace (ž)	[ɛmɪgraŧsɛ]
emigrar (vi)	emigrovat	[ɛmɪgrovat]

Ocidente (m)	Západ (m)	[za:pat]
Oriente (m)	Východ (m)	[vi:xot]
Extremo Oriente (m)	Dálný východ (m)	[da:lni: vi:xot]

civilização (f)	civilizace (ž)	[ʦɪvɪlɪzaŧsɛ]
humanidade (f)	lidstvo (s)	[lɪdstvo]
mundo (m)	svět (m)	[svet]
paz (f)	mír (m)	[mi:r]
mundial	světový	[svetovi:]

pátria (f)	vlast (ž)	[vlast]
povo (m)	lid (m)	[lɪt]
população (f)	obyvatelstvo (s)	[obɪvatɛlstvo]
gente (f)	lidé (m mn)	[lɪdɛ:]
nação (f)	národ (m)	[na:rot]
geração (f)	generace (ž)	[gɛnɛraŧsɛ]

território (m)	území (s)	[u:zɛmi:]
região (f)	region (m)	[rɛgɪon]
estado (m)	stát (m)	[sta:t]

| tradição (f) | tradioo (ž) | [tradɪŧsɛ] |
| costume (m) | zvyk (m) | [zvɪk] |

ecologia (f)	ekologie (ž)	[ɛkologɪe]
índio (m)	Indián (m)	[ɪndɪa:n]
cigano (m)	Rom (m)	[rom]
cigana (f)	Romka (ž)	[romka]
cigano	romský	[romski:]

império (m)	říše (ž)	[rʒi:ʃɛ]
colónia (f)	kolonie (ž)	[kolonɪe]
escravidão (f)	otroctví (s)	[otroʦtvi:]
invasão (f)	vpád (m)	[vpa:t]
fome (f)	hlad (m)	[hlat]

195. Grupos religiosos mais importantes. Confissões

religião (f)	náboženství (s)	[na:boʒenstvi:]
religioso	náboženský	[na:boʒenski:]

crença (f)	víra (ž)	[vi:ra]
crer (vt)	věřit	[verʒɪt]
crente (m)	věřící (m)	[verʒi:ʦi:]

ateísmo (m)	ateizmus (m)	[atɛɪzmus]
ateu (m)	ateista (m)	[atɛɪsta]

cristianismo (m)	křesťanství (s)	[krʃɛstʲanstvi:]
cristão (m)	křesťan (m)	[krʃɛstʲan]
cristão	křesťanský	[krʃɛstʲanski:]

catolicismo (m)	katolicismus (m)	[katolɪʦɪzmus]
católico (m)	katolík (m)	[katoli:k]
católico	katolický	[katolɪʦki:]

protestantismo (m)	protestantismus (m)	[protɛstantɪzmus]
Igreja (f) Protestante	protestantská církev (ž)	[protɛstantska: ʦi:rkɛf]
protestante (m)	protestant (m)	[protɛstant]

ortodoxia (f)	pravoslaví (s)	[pravoslavi:]
Igreja (f) Ortodoxa	pravoslavná církev (ž)	[pravoslavna: ʦi:rkɛf]
ortodoxo (m)	pravoslavný (m)	[pravoslavni:]

presbiterianismo (m)	presbyteriánství (s)	[prɛzbɪtɛrɪa:nstvi:]
Igreja (f) Presbiteriana	presbyteriánská církev (ž)	[prɛzbɪtɛrɪa:nska: ʦi:rkɛf]
presbiteriano (m)	presbyterián (m)	[prɛzbɪtɛrɪa:n]

Igreja (f) Luterana	luteránská církev (ž)	[lutɛra:nska: ʦi:rkɛf]
luterano (m)	luterán (m)	[lutɛra:n]

Igreja (f) Batista	baptismus (m)	[baptɪzmus]
batista (m)	baptista (m)	[baptɪsta]

Igreja (f) Anglicana	anglikánská církev (ž)	[anglɪka:nska: ʦi:rkɛf]
anglicano (m)	anglikán (m)	[anglɪka:n]
mormonismo (m)	Mormonism (m)	[mormonɪzm]
mórmon (m)	mormon (m)	[mormon]

| Judaísmo (m) | judaismus (m) | [judaɪzmus] |
| judeu (m) | žid (m) | [ʒɪt] |

| budismo (m) | buddhismus (m) | [budhɪzmus] |
| budista (m) | buddhista (m) | [budhɪsta] |

| hinduísmo (m) | hinduismus (m) | [hɪndujɪzmus] |
| hindu (m) | Hinduista (m) | [hɪnduɪsta] |

Islão (m)	islám (m)	[ɪsla:m]
muçulmano (m)	muslim (m)	[muslɪm]
muçulmano	muslimský	[muslɪmski:]

| Xiismo (m) | šíitský islám (m) | [ʃi:ɪtski: ɪsla:m] |
| xiita (m) | šíita (ž) | [ʃi:ta] |

| sunismo (m) | Sunnitský islám (m) | [sunnɪtski: ɪsla:m] |
| sunita (m) | Sunnita (m) | [sunnɪta] |

196. Religiões. Padres

| padre (m) | kněz (m) | [knez] |
| Papa (m) | Papež (m) | [papɛʃ] |

monge (m)	mnich (m)	[mnɪx]
freira (f)	jeptiška (ž)	[jɛptɪʃka]
pastor (m)	pastor (m)	[pastor]

abade (m)	opat (m)	[opat]
vigário (m)	vikář (m)	[vɪka:rʃ]
bispo (m)	biskup (m)	[bɪskup]
cardeal (m)	kardinál (m)	[kardɪna:l]

pregador (m)	kazatel (m)	[kazatɛl]
sermão (m)	kázání (s)	[ka:za:ni:]
paroquianos (pl)	farnost (ž)	[farnost]

| crente (m) | věřící (m) | [verʒi:ʦi:] |
| ateu (m) | ateista (m) | [atɛɪsta] |

197. Fé. Cristianismo. Islão

| Adão | Adam (m) | [adam] |
| Eva | Eva (ž) | [ɛva] |

Deus (m)	Bůh (m)	[bu:x]
Senhor (m)	Pán (m)	[pa:n]
Todo Poderoso (m)	Všemohoucí (m)	[vʃɛmohouʦi:]

pecado (m)	hřích (m)	[hrʒi:x]
pecar (vi)	hřešit	[hrʒɛʃɪt]
pecador (m)	hříšník (m)	[hrʒiʃni:k]

179

pecadora (f)	hříšnice (ž)	[hrʒɪʃnɪtsɛ]
inferno (m)	peklo (s)	[pɛklo]
paraíso (m)	ráj (m)	[ra:j]

| Jesus | Ježíš (m) | [jɛʒi:ʃ] |
| Jesus Cristo | Ježíš Kristus (m) | [jɛʒi:ʃ krɪstus] |

Espírito (m) Santo	Duch (m) Svatý	[dux svati:]
Salvador (m)	Spasitel (m)	[spasɪtɛl]
Virgem Maria (f)	Bohorodička (ž)	[bohorodɪtʃka]

Diabo (m)	ďábel (m)	[dʲa:bɛl]
diabólico	ďábelský	[dʲa:bɛlski:]
Satanás (m)	satan (m)	[satan]
satânico	satanský	[satanski:]

anjo (m)	anděl (m)	[andel]
anjo (m) da guarda	anděl (m) strážný	[andel stra:ʒni:]
angélico	andělský	[andelski:]

apóstolo (m)	apoštol (m)	[apoʃtol]
arcanjo (m)	archanděl (m)	[arxandel]
anticristo (m)	antikrist (m)	[antɪkrɪst]

Igreja (f)	Církev (ž)	[tsi:rkɛf]
Bíblia (f)	Bible (ž)	[bɪblɛ]
bíblico	biblický	[bɪblɪtski:]

Velho Testamento (m)	Starý zákon (m)	[stari: za:kon]
Novo Testamento (m)	Nový zákon (m)	[novi: za:kon]
Evangelho (m)	Evangelium (s)	[ɛvangɛlɪum]
Sagradas Escrituras (f pl)	Písmo (s) svaté	[pi:smo svatɛ:]
Céu (m)	nebeské království (s)	[nɛbɛskɛ: kra:lovstvi:]

mandamento (m)	přikázání (s)	[prʃɪka:za:ni:]
profeta (m)	prorok (m)	[prorok]
profecia (f)	proroctví (s)	[prorotstvi:]

Alá	Alláh (m)	[ala:x]
Maomé	Mohamed (m)	[mohamɛt]
Corão, Alcorão (m)	Korán (m)	[kora:n]

mesquita (f)	mešita (ž)	[mɛʃɪta]
mulá (m)	Mullah (m)	[mulla]
oração (f)	modlitba (ž)	[modlɪtba]
rezar, orar (vi)	modlit se	[modlɪt sɛ]

peregrinação (f)	pouť (ž)	[poutʲ]
peregrino (m)	poutník (m)	[poutni:k]
Meca (f)	Mekka (ž)	[mɛka]

igreja (f)	kostel (m)	[kostɛl]
templo (m)	chrám (m)	[xra:m]
catedral (f)	katedrála (ž)	[katɛdra:la]
gótico	gotický	[gotɪtski:]
sinagoga (f)	synagóga (ž)	[sinago:ga]

mesquita (f)	mešita (ž)	[mɛʃɪta]
capela (f)	kaple (ž)	[kaplɛ]
abadia (f)	opatství (s)	[opatstvi:]
convento (m)	klášter (m)	[kla:ʃtɛr]
mosteiro (m)	klášter (m)	[kla:ʃtɛr]

sino (m)	zvon (m)	[zvon]
campanário (m)	zvonice (ž)	[zvonɪʦɛ]
repicar (vi)	zvonit	[zvonɪt]

cruz (f)	kříž (m)	[krʃi:ʃ]
cúpula (f)	kopule (ž)	[ƙopulɛ]
ícone (m)	ikona (ž)	[ɪkona]

alma (f)	duše (ž)	[duʃɛ]
destino (m)	osud (m)	[osut]
mal (m)	zlo (s)	[zlo]
bem (m)	dobro (s)	[dobro]

vampiro (m)	upír (m)	[upi:r]
bruxa (f)	čarodějnice (ž)	[ʧarodejnɪʦɛ]
demónio (m)	démon (m)	[dɛ:mon]
espírito (m)	duch (m)	[dux]

| redenção (f) | vykoupení (s) | [vɪkoupɛni:] |
| redimir (vt) | vykoupit | [vɪkoupɪt] |

missa (f)	bohoslužba (ž)	[bohosluʒba]
celebrar a missa	sloužit	[slouʒɪt]
confissão (f)	zpověď (?)	[ɛpovot']
confessar-se (vr)	zpovídat se	[spovi:dat sɛ]

santo (m)	světec (m)	[svetɛʦ]
sagrado	posvátný	[posva:tni:]
água (f) benta	svěcená voda (ž)	[sveʦɛna: voda]

ritual (m)	ritus (m)	[rɪtus]
ritual	rituální	[rɪtua:lni:]
sacrifício (m)	oběť (ž)	[obet']

superstição (f)	pověra (ž)	[povera]
supersticioso	pověrčivý	[povertʃɪvi:]
vida (f) depois da morte	posmrtný život (m)	[posmrtni: ʒɪvot]
vida (f) eterna	věčný život (m)	[vetʃni: ʒɪvot]

TEMAS DIVERSOS

198. Várias palavras úteis

ajuda (f)	pomoc (ž)	[pomots]
barreira (f)	zábrana (ž)	[za:brana]
base (f)	základna (ž)	[za:kladna]
categoria (f)	kategorie (ž)	[katɛgorɪe]
causa (f)	důvod (m)	[du:vot]
coincidência (f)	shoda (ž)	[sxoda]
coisa (f)	věc (ž)	[vets]
começo (m)	začátek (m)	[zatʃa:tɛk]
cómodo (ex. poltrona ~a)	pohodlný	[pohodlni:]
comparação (f)	srovnání (s)	[srovna:ni:]
compensação (f)	kompenzace (ž)	[kompɛnzatsɛ]
crescimento (m)	růst (m)	[ru:st]
desenvolvimento (m)	rozvoj (m)	[rozvoj]
diferença (f)	rozdíl (m)	[rozdi:l]
efeito (m)	efekt (m)	[ɛfɛkt]
elemento (m)	prvek (m)	[prvɛk]
equilíbrio (m)	rovnováha (ž)	[rovnova:ha]
erro (m)	chyba (ž)	[xɪba]
esforço (m)	úsilí (s)	[u:sɪli:]
estilo (m)	sloh (m)	[slox]
exemplo (m)	příklad (m)	[prʃi:klat]
facto (m)	fakt (m)	[fakt]
fim (m)	skončení (s)	[skontʃɛni:]
forma (f)	tvar (m)	[tvar]
frequente	častý	[tʃasti:]
fundo (ex. ~ verde)	pozadí (s)	[pozadi:]
género (tipo)	druh (m)	[drux]
grau (m)	stupeň (m)	[stupɛnʲ]
ideal (m)	ideál (m)	[ɪdɛa:l]
labirinto (m)	labyrint (m)	[labɪrɪnt]
modo (m)	způsob (m)	[spu:sop]
momento (m)	moment (m)	[momɛnt]
objeto (m)	předmět (m)	[prʃɛdmnet]
obstáculo (m)	překážka (ž)	[prʃɛka:ʃka]
original (m)	originál (m)	[orɪgɪna:l]
padrão	standardní	[standardni:]
padrão (m)	standard (m)	[standart]
paragem (pausa)	přestávka (ž)	[prʃɛsta:fka]
parte (f)	část (ž)	[tʃa:st]

partícula (f)	částice (ž)	[ʧaːstɪʦɛ]
pausa (f)	pauza (ž)	[pauza]
posição (f)	pozice (ž)	[pozɪʦɛ]
princípio (m)	princip (m)	[prɪnʦɪp]

problema (m)	problém (m)	[problɛːm]
processo (m)	proces (m)	[proʦɛs]
progresso (m)	pokrok (m)	[pokrok]
propriedade (f)	vlastnost (ž)	[vlastnost]

reação (f)	reakce (ž)	[rɛakʦɛ]
risco (m)	riziko (s)	[rɪzɪko]
ritmo (m)	tempo (s)	[tɛmpo]
segredo (m)	tajemství (s)	[tajɛmstviː]
série (f)	řada (ž)	[rʒada]

sistema (m)	systém (m)	[sɪstɛːm]
situação (f)	situace (ž)	[sɪtuaʦɛ]
solução (f)	řešení (s)	[rʒɛʃɛniː]
tabela (f)	tabulka (ž)	[tabulka]
termo (ex. ~ técnico)	termín (m)	[tɛrmiːn]

tipo (m)	typ (m)	[tɪp]
urgente	neodkladný	[nɛotkladniː]
urgentemente	neodkladně	[nɛotkladne]
utilidade (f)	užitek (m)	[uʒɪtɛk]

variante (f)	varianta (ž)	[varɪanta]
variedade (f)	volba (ž)	[volba]
verdade (f)	pravda (ž)	[pravda]
vez (f)	pořadí (s)	[porʒadiː]
zona (f)	pásmo (s)	[paːsmo]

183

www.ingramcontent.com/pod-product-compliance
Lightning Source LLC
LaVergne TN
LVHW051346080426
835509LV00020BA/3306